U0928168

我不愿过平淡将就的人生

黑米格格——著

应急管理出版社
·北京·

图书在版编目（CIP）数据

我不愿过平淡将就的人生／黑米格格著．--北京：应急管理出版社，2019

ISBN 978-7-5020-7284-1

Ⅰ.①我…　Ⅱ.①黑…　Ⅲ.①人生哲学—通俗读物　Ⅳ.①B821-49

中国版本图书馆 CIP 数据核字(2019)第 277653 号

我不愿过平淡将就的人生

著　　者　黑米格格
责任编辑　孙　婷
封面设计　琥珀视觉

出版发行　应急管理出版社（北京市朝阳区芍药居 35 号　100029）
电　　话　010-84657898（总编室）　010-84657880（读者服务部）
网　　址　www.cciph.com.cn
印　　刷　三河市新新艺印刷有限公司
经　　销　全国新华书店

开　　本　880mm×1230mm $^{1}/_{32}$　**印张**　8　**字数**　200 千字
版　　次　2020 年 1 月第 1 版　2020 年 1 月第 1 次印刷
社内编号　20191851　　**定价**　45.80 元

前言

曾有一位读者问我，你最不愿意过怎样的人生？

我思索了良久，才给出一个准确的答复——我不愿过平淡将就的人生。

在我看来，人生要轰轰烈烈，不可以平淡若水；要矢志不移，不可以得过且过。因为，只有激情澎湃、志得意满、持之以恒的人生才算是高层次的人生！

然而，在现实的生活中，我却见识到太多把日子过得平淡将就的人。这些人，一开始都是高吹号角、斗志昂扬、信誓旦旦要把生活过得潇洒张扬、精彩漂亮，但是后来，他们却都被现实磨平了棱角，被生活打落了天堂，不再对期待中的繁华世界抱有任何幻想，任凭自己在妥协中庸庸碌碌，过着平淡如水的生活。

是天公不作美，让他们的人生变得平庸了吗？不，是他们自己辜负了自己。他们在现实的泥沼面前，不敢做出挑战，或是自愿或是被迫，最终放弃了奋斗的初衷，妥协于父母，妥协于岁月，妥协于挫折，将就着结婚，将就着就业，将就着生活。结果只能是，从当初的神采奕奕变得满脸沧桑，从当初的志得意满变得怨天尤人。其实他们谁也怨不着，是退而求其次的决定让他们坠入了万丈深渊。

当然，这些年，我也认识了很多不甘平凡的人。他们有的家境贫寒，有的才艺平平，有的身体残缺，但他们几乎都有一个优秀的特质，那就是从不向命运低头认输，从不在挫折面前妥协让步，而是坚定地向着目标昂首前进，即使面对冷嘲热讽，即使深感痛苦，也不轻易改变自己的抉择。终于，他们在踽踽独行的奋斗路上看到了属于自己的熹微曙光，遇见了更好的自己，成就了出彩的人生！

生活不是用来妥协的，你退缩得越多，喘息的空间就越少。日子不是用来将就的，你表现得越卑微，幸福就会离你越远。

生而为人，绝不可以有一丝一毫的将就，任何的妥协都是对自由的亵渎，都是对青春的辜负！

人生只有一次，愿你在未来的日子里，不管岁月如何变迁，都能够做自己命运的主宰者，活出自己精彩真实的人生，不将就，不妥协，不平庸！

著者

目录

Part 1

定位自己，定位未来的你

Part 2

没有爬上山巅，怎能见到风景独好

Part 3

不要轻易埋葬你的梦想

Part 4

人生就是一个接一个的选择

Part 5

黎明前的黑暗终会成为过往

Part 6

最感动人的，是你无数次跌倒却仍选择奔跑

Part 7

大胆去做，人生无惧失败

Part 1

定位自己，

定位未来的你

认清自己，找准属于你的人生节奏

时光是最容易被忽略的东西。懵懵懂懂，我们度过了自己的青少年时期；匆匆忙忙，我们走出了学校这座象牙塔，站在人生的十字路口，茫然不知所措。在过去的时光里，你是否毫无主见，只是沿着父母亲友的想法机械性地往前走？你是否认真了解过自己，找对了属于自己的人生节奏？想要展望未来，你首先需要认清自己，只有了解了自己，知道了自己的心之所向，才能找准属于你的人生节奏。

前几天，我有一阵子没见的发小蜜蜜突然找到了我，想要和我聊一聊。她说，前一天晚上她本已站到了大楼的顶端，想要一跃而下，但在最后翻看手机想要写下遗言时，可能是命运之神的安排，她看到了我们的合照，照片上的她笑得兴高采烈、无忧无虑。她瞬间泪流满面，突然想起了过去愉快的时光，想到自己在这个世界上并不是没有丝毫的羁绊，心中便又产生了希望和勇气。

听到她的话，我大吃一惊，只不过一阵子没有联系，蜜蜜怎么会突然走到了绝路？我这个朋友当得实在是太不称职了，在她最难受的日子里，我竟然没有陪在她的身边。幸好一切都还来得及。

之后，我给她倒了杯温水，让她把最近发生的事情原原本本地告诉我。总结起来，她遇到了以下几件事情：第一，身为职业女强人的蜜蜜由于性格过于强势，得罪了公司的领导，之后被同事们排挤，一气之下就辞职了。第二，她之前将自己的全部财产投在了股票上，可股票被套牢，她辛辛苦苦攒的钱全赔了进去。第三，她母亲患上了急症，需要做手术，可是她的钱全赔了进去，无法凑到足够的钱，只能眼睁睁地看着母亲一天一天虚弱下去。接连的打击让她沮丧极了，她越想越灰心，越想越觉得未来毫无出路，于是产生了自杀的念头。

在听她讲述的时候，我仔细地打量了她一翻，她沮丧的神情、眼中的茫然、充满不安的姿势，以及那紧张的神态，明显向我展露出她已经放弃了自己这一想法。我不得不坦率地承认，如果她以现在的状态继续下去，即使我是她最亲密的朋友，也无法使她走出困境。

在她说完她的故事之后，我抱了抱她，然后告诉她："蜜蜜，真抱歉我没有在你最需要陪伴的时刻陪着你，我希望我能够帮到你，可实际上我却是心有余而力不足。"蜜蜜的脸色变得更加苍白了。她低下头，喃喃自语道："我昨天真应该跳下去。"

过了几秒钟，我又说道："虽然我对你的困境束手无策，但是我知道有一个人一定能帮你渡过难关，她就在这座大楼，我可以将她介绍给你。"我的话音还没有落，蜜蜜的眼睛一下子就亮了起来，马上紧紧握住我的手说："竟然有这样的人，赶紧带我去见见她。"

她没有彻底放弃自我，还能够积极寻找解决的办法，这就是希望。

而后，我带着她来到了我的房间，将她推到了我那面全身镜前，从镜子里，她可以看到她的全身。

我指着镜子，慢慢说道："现在，我将她介绍给你。站在你面前的这个人就是那个可以帮助你的人。在这个世界上，这个人是唯一一个能够帮你渡过难关的人，如果你不能彻底认清这个人，那么恐怕你只能从高楼上一跃而下了，因为在你充分了解这个人之前，无论是对于自己还是对于这个世界，你都是个毫无用途的人。"

蜜蜜不自觉地走向了镜子，她用手轻轻抚摩着镜子中的自己，并仔仔细细地打量了镜子中那个满脸憔悴、衣着邋遢的人一会儿，然后蹲下身，将头埋在双膝间，放声哭了起来。听到蜜蜜的哭声，我知道她已经摆脱了心中的枷锁。

过了几天，我又见到了蜜蜜，这次她的精神面貌发生了翻天覆地的变化。她昂首阔步地向我走来，步伐轻快有力，看来她已经渡过了难关。

她告诉我说："我正要去找你，告诉你这些好消息呢。那天我从你家离开时，还是一个失意者。现在，虽然我仍然需要面对重重困境，但我的生活充满了希望。我凭借自己之前的工作经验，找到了一份薪资优厚的工作，想要凑够手术费已经不是问题。而且单位的同事、领导都非常友好，老板还给我预支了一些工资，让我先去给妈妈治病。现在的我又是之前那个职场女强人了。”

接着，她又说：“我今天来是想告诉你，无论未来怎样，你永远是我最要好的朋友。因为你站在那面大镜子前，把真正的我指给我看，让我重新认清了我自己。”

之后，我将她送到了熙熙攘攘的街道，看着她慢慢消失在人群中的身影，我终于意识到：原来，在从未认清过自己的人的身体中，隐藏了那样强大的力量与潜能。

一个人如果没能认清自己，也就无法把握好自己，掌握好未来更是无从谈起。认清自己，找准属于你的人生节奏，未来的你一定可期。

找不准自己的定位，再多的努力都是白费

人生在世，我们需要面临太多的选择，需要放弃太多的东西，选择哪些、放弃哪些，将会决定你未来会走上什么样的道路。在权衡选择还是放弃时，适合是衡量的标准，而找准自己的定位则是衡量是否合适的关键。

我曾听过这样一则故事：

一家工厂的某台重要机器不运转了，而短时间内根本无法找到代替的机器。马上就到交货时间了，当天如果不能赶制出来，老板就要承受一大笔损失。老板急坏了，连忙请来维修师傅排查问题。经过一番检查后发现，机器无法运转是

因为掉了一颗螺母。老板放下心来，对维修师傅说："在五分钟之内我要看到机器正常工作。"

维修师傅信心满满地说："没问题，别说五分钟，就连两分钟都用不了，只不过是换个螺母而已，根本不费事儿。"说着，他打开工具箱，找到了一大盒螺母，想要换上合适的。

谁承想五分钟之后，维修师傅脚下堆了满地的螺母，可却没有一个能吻合上螺丝钉的尺寸与型号。看着这各式各样的螺母，维修师傅沉默了。

老板本来以为问题马上就会被解决了，谁知道又出了状况，他更加着急了，疾言厉色地说道："在现在这种情况下，只有与机器上的螺丝钉匹配的才能称为螺母，剩下的都只能称作废铁。地上的这些全是废铁，没有一个'螺母'。"

老板的话虽然不中听，但却是不争的事实。匹配的螺母能让机器正常运转，不匹配的螺母只能徒然沦为"废铁"。我们的人生又何尝不是这样呢？你明明擅长文科，却因为觉得学理科好找工作，于是选择了理科，之后哪怕再努力也赶不上那些擅长理科的人，最终"文"不成"理"不就；你明明想要创业，也有能力，却因为害怕失败，于是费尽心力考上了公务员，过上了一眼就能望到头的日子，哪怕再努力也不过是个普普通通的小科员。倘若你在某个位子上拼上了十二分的努力，却依然不能有所长进，那么此时的你就应当反思一下自己：是否是由于不恰当的定位让自己成了不合适的“螺母”。

我朋友的老公阿英是某公司的技术人员。他这一手技术是经过了时间的检验的，哪怕问题再棘手，他也能迅速找到解决的办法，全公司的人没有不佩服他的。但阿英却认为自己更适合行政岗位，并一直想找机会调职。

终于，阿英苦等许久的机会来了。人力资源部的主管被其他公司高薪挖走了，公司决定从老职员中提拔一人来接任。阿英高兴极了，为了拿到这个职位，他想尽了办法，终于实现了自己的心愿，成了人力资源部的主管。可是阿英真正接手工作后才发现，这与自己想象的完全不同，自己根本无法胜任这项工作。他只能坐在办公室里，呆呆地看着桌面上的文件，而他的不作为也让下属的工作陷入了混乱之中。

后来，阿英辞去了这个职位，重新投入了技术岗位，他这才重新舒坦起来。

阿英之所以想要调任行政岗位，是因为对自己的错误定位，如果你不想走上和阿英一样的道路，那么就一定要正确认识自己，找准自己的位置。

几年前，在某次偶然的情况下，我碰到了多年未见的老同学洋洋，此时的她早已不是当年那个没心没肺的傻姑娘了，而是成了某家公司的经理。事业有成，有房有车，也没有还贷款的压力，照理说，她应该是意气风发的，但我面前的洋洋眼中却充满了迷茫。

我们面对面坐在餐厅里，她手里的酒杯空了又满，满了又空。

“阿米，你说我这算是成功了吗?”

说实话，按照我的想法来看，她简直成功得不能再成功了。她虽然家庭条件一般，但是靠自己打拼出了一番事业，亲友们也都对她很好，但她却怀疑她的人生是否成功，也许是因为她没有实现自己的目标吧。

“你的目标是什么呢？只要你实现了你的目标，掌握了自己想要的，那就很成功了。倘若你没有目标，不知道方向，那么就算你拥有全世界，你也会感到茫然。”

“我不知道。之前我只知道要挣钱，觉得只要有钱就能得到一切，所以什么挣钱我就干什么。现在我是有钱了，但是之后要怎样我毫无头绪。”

有钱确实能解决生活中的大部分问题。有钱可以让自己的生活更加舒适，有钱可以让别人帮自己做事，有钱可以更容易接触到新鲜的事物。但钱也不是万能的，有钱不能让别人真心真意地尊敬自己，有钱也不一定能得到真正的爱情。因此，如果生活只剩下了挣钱、挣钱、挣钱，那么你的生活会多么空虚。我想我知道洋洋的问题出在哪里了。洋洋对自己、对未来都没有清醒的定位和认识，怎么能不迷茫呢？倘若她知道怎样投资和经营自己，那么她的精神生活一定会比现在丰富许多。

“你觉得现在的工作怎么样？对自己的未来有没有什么想法？”我问道。

洋洋一脸迷茫地看着我说：“我现在脑中一片茫然，哪儿有那么多的想法。”

“那就现在想，没有想法怎么行！”

听了我的话，洋洋沉默了下来，低下了头，默默思考着。过了一会儿，洋洋说：“我对我现在的工作还算满意，如果我厌恶这个行业，当初我也不会选择它。而且我在人际交往方面还算擅长，做销售经理也算是发挥了我的长处。”

“既然是这样，那就坚持做下去吧。虽然我对你的行业没有什么了解，但是你的岗位肯定还有上升的空间，你不妨为此而努力。你现在找到了自己的位置，有了奋斗的目标和努力的方向，你的未来一定会更好。”

之后，洋洋没有再说什么，但脸上的阴霾已被扫除得一干二净，她似乎对未来充满了期望。

前一阵子，我又遇到了她，现在的她事业更上一层楼，业余生活也过得有滋有味，比起几年前的状态好了太多。

希腊古城德尔斐的阿波罗神庙中刻有几句箴言，而其中流传最广、影响最深的，是刻在石柱上的那句：“人啊，认识你自己吧！”千百年来，这句话犹如钟磬之音，穿越时空，一直在人们的耳边回响，震撼着人们的心灵，给那些正忙于自我定位的人以启迪。

其实，每个人的每次选择都有可能决定自己未来的命运，认清自己、找准自己的定位则是正确选择的前提。愿每个人都能认清自己，找到属于自己的康庄大道。

天赋不如人的你，只想束手就擒吗

天赋从来不是决定你未来的关键，若你有天赋却选择了停下脚步，那么你的未来就会归于平庸。

[1]

妍妍是在人们的赞扬声中长大的。她上过很多兴趣班，也都得到了别人的认可，说她很有天赋，歌唱得好听，钢琴弹得优美，舞也跳得不错。

每到学校组织各类文娱活动的时候，妍妍总会大出风头，每个看过她表演的人都觉得她天资卓越，这让妍妍扬扬自得了很久。

声乐培训班又来了一位新同学，还没到上课时间，其他人都在嬉戏打闹，只有这位新同学默默地站在角落认真地练习发声。

妍妍靠近一听，唱得真好听。

妍妍找了个不会引起新同学注意的角落，想要模仿她练声的方式，这才发现，原来自己跟她之间的距离犹如天堑。

妍妍这才意识到，世界上还有很多比自己更有天赋的人。她努力地练习了好一阵儿，可和那位同学之间的距离却一点儿也没有缩短。于是，妍妍停下了追逐的脚步。

学舞蹈的时候也是这样。

妍妍曾坚持练习了六年的舞蹈，在这六年间，她的老师不止一次地说过她生来就是要跳舞的。

可是，在舞蹈考级的考场上，一个只学习了一年的“小天才”的出色表现让妍妍目瞪口呆，她原以为自己已经很有天赋，可这位“小天才”的天赋却远远超过了她。她的骄傲与自信被彻底打碎了，拼也拼不回来，从那之后，她再也没碰过舞蹈。

现在，妍妍从来不主动提起自己学过哪些东西，最多也只是在别人问到的时候说自己只能糊弄两下，根本不精通。

每当看到比自己更有天赋的人出现时，妍妍总是认为自己无论怎样努力也无法与之相比，便轻易放弃了，最终没有一样精通。

究其根源，还是因为不够执着，一被打击就选择了放弃。

妍妍有天赋，可停下脚步只能浪费了天赋，即使是世界上最有天赋的人，只要停下前进的脚步，也会逐渐泯然众人，更何况是我们这样的普通人呢？

[2]

刚刚大学毕业的燕子误打误撞进入了一个专门教美术的培训班做课程顾问。看着孩子们绘画技巧一点一点地进步，燕子心里痒痒极了。她也想尝试一下，虽说当不了艺术家，但有一技之长也好啊。

其实，燕子心里七上八下的，除了学校里的美术课，她从来没有接触过绘画，而且美术课的成绩也总是垫底，这样的她凭什么能在这个崭新的领域闯出一番天地？但是无论如何，先试试再说吧。

燕子的性格就是这样，一旦投入进去，就有一种不达目的誓不罢休的气势。她的画稿画了一张又一张，终于得到了同事的肯定。她乘胜追击，开始给各种公众号、杂志社投画稿，可收到的都是被拒绝的消息。燕子的信心受到了重大的打击，在意志极度消沉之时，燕子想到那句一直鼓励着自己的话：放弃，你这辈子就输了。

于是，燕子顶着压力与失落继续坚持了下去，她一边继续学习，一边投稿。终于在无数次投稿失败之后，她的画稿被采用了。

兴奋极了的燕子拿着那份被采用的稿子去找某位知名画手，想得到他的指点。可没想到，对方却说："不好意思，除了名家之作外，我不看其他人的画作。"

燕子突然觉得自己跟名家之间的距离还差着十万八千里，自己的画连让他们看一眼的资格都没有，这对她来说是个极大的打击。

沉寂了几天之后，燕子又拾起了画笔，因为她知道不学、不做、不练，就是半途而废，以后肯定会后悔，更何况自己只是个新手，别人看不上自己的作品也理所当然。

于是，燕子更加刻苦地学习、创作，将自己所有的空闲时间都倾注在画画上。

有人问过燕子为什么要这么拼命，燕子笑了笑，回答说：“我没有别人那样的天赋，又想像别人那样成功，那么努力和执着就是我最大的倚仗了。”

【3】

我的本职虽然不是作家，语文成绩也一塌糊涂，但我在写作上的热爱和野心一点儿也不比别人少，我希望有一天我的名字也能像那些厉害的作者一样，被许多读者牢记。

于是，我曾试图模仿那些成功的作者，想要写出那种或恬淡温情，或理性犀利的文字，可我发现那样的文章失去了我的灵魂。

因此，我放弃了一味地模仿那些我根本无力模仿的写作风格，随着我的心意尝试着用自己的文风创作，奇迹发生了，那篇文章得以发表，并收到了无数好评。

我看到文章下的留言说：“您的文章让我有一种很亲切的

感觉，品读您的文章能让我浮躁的心慢慢平静下来，好像是在和某位知己畅谈。”

是啊，这才是真实的我。找到方向的感觉真好！

向那些优秀的人学习，不是让自己变成第二个他们，而是找到真实的自己。

当我发在公众号上的文章的阅读量有所提升之后，我给自己树立了一个又一个短期目标：

首先，公众号的粉丝达到一万；然后达到两万；接着，达到五万……

起步期总是最困难的，一千、两千、三千……看着粉丝的数量慢慢上涨，我的心里无比激动，虽然很辛苦，但也很满足。在默默地奋斗中，我达到了第一个目标，没过多久第二个目标也实现了。现在，我正朝着第三个目标迈进，这个速度远超我的预期。

我不是在炫耀我的成功，而是以我自己的经历和故事告诉大家，有了目标就能获得更多的动力，认清自己的想法就更清楚要朝着哪个方向努力。

每当我们奋力实现了一个目标，就会获得满满的成就感，它会促使你朝着更高的目标奋勇前进。但请不要因为满足而停滞不前，连天资聪颖的方仲永都因没有继续学习而泯然众人，何况我们呢？

现在，我的下一个目标马上就要实现了，之后我就能够坐享其成了吗？当然不能，看着每篇文章的阅读量，我找不到不努力的理由。

[4]

在绘画上，燕子没有多高的天赋，但她不想放弃；在写作上，我不是天才，只有一般水平，但我也不想放弃。

努力与执着是我们所拥有的最大的武器，所以我们不愿也不能放弃。

优秀的人层出不穷，他们的确能站到常人难以到达的高度，但你始终是你，认清自己、做好自己才是最大的底气。

反转、打脸的剧情总是备受人们的喜爱，可真正想做到却并不容易，你只能更加努力才能有反转的可能。

美国著名人际关系学大师卡耐基说：

“要是一个人，能充满信心地朝他理想的方向去做，下定决心过他所想过的生活，他就一定会得到意外的成功。”

可能你没有足够的天赋，但请不要停下前进的脚步。

聋哑人都能跳出《千手观音》，语文一塌糊涂的我都能成为作者，聪颖的你为什么不努力去创造属于自己的奇迹呢？

不同的定位，造就不同的你

每个人给自己的定位将对其一生产生深远的影响，志在高山之人不会永远在谷底徘徊，而有一颗臣服之心的人永远也不可能成为主人。

在一次朋友聚会中，我见到了久违的好友老林。因为想单独聊聊，聚会后我和老林相约去了一家咖啡馆。

两个老朋友多年未见，而这一次相见后又要匆匆分别，于是我们都很珍惜这次见面的机会。咖啡馆里人不多，在舒缓的音乐声中，我们谈天说地，聊了很多话题，其中最让我印象深刻的还是老林讲到的他和他发小大虎的际遇。我与老林和大虎在初中时曾做过一年半的同窗，那时他俩都是班里的尖子生。

老林和大虎从小学到高中都在一个班，大学时虽然不是一个学校，可学的是同一个专业。他们经常在一起畅谈理想和未来。

大三时两人说好了一起努力考研，争取考到同一所学校，继续他俩的传奇。老林为此还专门报了考研班，说这样把握会更大。而大虎到了大学就稍微有些懈怠了，他不想大学生活还像中学时一样紧张。

向目标前进需要强大的心理支撑，考研亦如此。老林一直在加强心理建设，不断给自己打气。而大虎在听了考研失败的学长学姐的话后，越来越没有信心，他在心里把考研设置成了一道无论如何都跨不过去的坎儿，纠结了一段时间后就放弃了初试。他打电话给老林，说："哥们儿，你加油，完成我们的目标！至于我，我觉得人生不是只有考研这一条路，而且我也没打算将来要走上人生巅峰，我能过好我舒心的小日子就行了。"大虎话是这么说，但其实他是退缩了，不敢尝试。

老林接到大虎不考研的消息时特别失落，但仔细想想，每个人都有自己不同的选择，而自己选择了，就无论如何都要走下去。老林坚持了下来，考上了自己心仪的学校和专业。

老林研究生毕业后，没有听从父母的安排考公务员，反而是和几个志同道合的朋友去合伙创业了。创业之路的艰辛，只有真正创业过的人才清楚，然而老林闯过来了。创业六年，老林的公司走过了艰难时期，已步入稳定发展阶段。

时至今日，老林也算小有成就。他说："我对自己的现状还是比较满意的，经历了风风雨雨，看过了各地风景，前方还有目标引导着我前进，我并没有辜负自己的人生。"

我问："大虎呢？他现在做什么？"

"说起来，大虎的退缩我至今没想明白，但这是他选择的，我无法主导他的人生。"

原来大虎毕业后回了县城，找了一份普通的工作。工作第一年，他就在亲戚的介绍下和一位女子结了婚，房是婚前贷款买的。因为是相亲，认识了不到半年就步入了婚姻殿堂，大虎和妻子的感情并不深。于是，生活就在鸡毛蒜皮和吵吵闹闹中度过。后来，他们贷款买了车，又生了孩子，生活压力变得很大。

生活变成了一地鸡毛，做任何事都要精打细算。因为房贷、车贷以及孩子教育问题，大虎和妻子甚至多次吵闹着要离婚。

老林曾问大虎："你甘心吗?"

"无所谓甘心不甘心，这都是我自己的选择。"大虎有些怅惘地说。

老林和大虎曾经走在一条射线上，但是后来射线分了叉，他俩就走向了完全不同的人生。一个勇敢地向着目标前进，另一个没有定位、没有目标，最终两人都生活在了自己选择的结果中。现实就是如此，不同的定位和选择，造就了不同的人生道路。

我们的世界五彩缤纷，最后是一路繁花还是清风朗月，都在于自己的选择。每个人都有属于自己的位置，这个位置决定了我们的生活方式。生活不会面面俱到，所以给自己的定位就变得特别重要。

一个潦倒困苦、形如乞丐的男人在路边帮人卖苹果，他面前有一个装钱币的纸盒。一位商人从苹果摊前经过，顺手放了几枚硬币到纸盒里，然后匆匆离去。

没过多久，商人回到男人面前，说："不好意思，我忘了拿苹果，因为你我毕竟都是商人。"

几年后，那位商人在一次高级酒会上遇到一位仪表堂堂的先生向他敬酒致谢，这位先生告诉商人他就是当初在路边卖苹果的那个人。他生活的改变，完全受益于商人那句"你我毕竟都是商人"。

很多人都知道这个故事，也明白它想要告诉我们的含义：如果你把自己定位成乞讨者，那你就是一位乞丐；如果你将自己定位成商人，那你就是一位商人。

如果自己没有一个正确的定位，那么，就不知道自己究竟要去何方。所以尽管你一直努力工作、兢兢业业，甚至不断创新，最终依然劳而无功。

定位改变人生，这是万千经验者的总结。所以，你给自己的定位是怎样的，最后就会过上怎样的生活。

成功几乎是每个人都追求的，而对成功的看法因人而异，可无论你怎样看待成功，都必须有自己的定位。

正确的定位会引出正确的态度，你对自己的态度又决定了生命的价值。所以，你的定位和选择，会引导你不断完善自己、充实自己，然后用时间去证明自己独一无二的价值。

你的生活，是你自己选择的结果

我在聚会时认识了一位非常有魅力的女士，大家都叫她娟姐，我也这样叫她。

娟姐已到不惑之年，事业有成，温婉大气又平易近人，而且能说会道，和谁都能聊得来。她是我特别钦佩的女性之一，她的成长路程真的是一部大型励志片，她用行动坚持了自己一次次的选择，然后突破桎梏，收获自己想要的美好生活。

娟姐是临沂人，是中国千千万万普通家庭中的一员，家世普通，学历普通。高中毕业后，她没有选择上大学，而是开始了一份普通的工作——美容师。

娟姐成为美容师的时候，美容行业才刚开始发展，很多人并不了解美容业，更不了解美容师。然而，娟姐认定了这个行业，所以不管别人怎样议论，她都非常努力地把工作做好。

如果一个人对自己的工作怀有强烈的好奇心和上进心，并为之做出种种努力，那么他必然会成为行业中的翘楚。娟姐就是这样一个具有强烈好奇心和上进心的人。于是，别人在闲暇之余和同事随意聊天的时候，她则看书学习，改进手法，并不断发掘新顾客。她的努力没有白费，她逐渐被店长赏识，店长高升后她成了店长。

人们的每一次选择都影响未来的生活。

娟姐在事业上升期遇到了丈夫，结婚之后，他们的生活特别幸福，并且很快娟姐就怀有了身孕。在发现怀孕后，她认真思考了未来的生活，为了能更好地照顾孩子，她选择了辞职。那几年，娟姐将全部精力都用在了家庭上。

几年全职妈妈的生活，让娟姐脱离了社会，她变得不再关注外界发生的事，只在自己小小的家庭世界里畅游。同时，她也不再有那么多精力打扮自己，而且为了方便照顾孩子，更是几年没穿过裙子。

当孩子进入幼儿园之后，娟姐终于找回了一点儿自己的时间。她想出去逛逛街，可是当她从商场的镜子里看到自己脸色蜡黄、双目无神、邋里邋遢的模样时，她真的很想大哭一场。她突然意识到不能再这样下去，必须立刻改变，否则生活会变得更糟糕。

娟姐决定重回美容界，但不再只是做一个美容师，而是自己开店创业。不过，时隔几年，美容产品和美容仪器早已经历多次更新换代，所以重新回到工作中的娟姐面临着比初工作时更多的困难。不过她没有害怕，因为她心中有一个强烈的愿望，那就是：不管多难，一定要在美容界闯出一片天。

于是娟姐开始查询、分析行业现状和未来走向，走访考察当地的美容店，又先后到济南、北京、上海、广州等地进行考察，参加学习培训。在经过市场调研并多方比较后，她选择了合适的美容产品和仪器，首先在临沂开了一家美容店。

店面选址和装修、招员工、培训员工、开发市场等，全是娟姐独自完成的，因为她丈夫是一名外科医生，工作也非常繁忙。

除了在网上查阅资料学习以外，她还会把每次培训的资料拿回家，挤出空闲时间一个字一个字敲进文档，好方便后期查阅和应用。多年以来，文字录入已经成了娟姐的习惯，她说这样会更容易加深印象、融会贯通。

娟姐独自支撑着她的小店艰难地走过了三年。三年后，她开始在周边城市开分店，后来开到了济南、北京、天津等各大城市。如今，娟姐的美容店已在全国各地设了三十多家分店，她在美容界也算小有成就了。

现在，娟姐的生活也发生了翻天覆地的变化。她从黄脸婆变回了时尚女性，同时也把孩子教养得很好。两年前，她作为高龄产妇生下了二胎。二宝开始吃辅食后，娟姐更是亲力亲为，为二宝做出好看又美味的辅食。当然，这几年，娟姐一家走了很多地方，真正将日子过成了诗。娟姐的生活令人羡慕，但是这些都是她自己选择并为之努力的结果。

我至今依然记得娟姐给我看过的两张照片，一张是双手指尖结满了厚茧的照片，一张是敲坏了的键盘膜的照片。在短短几年时间里，娟姐的双手在键盘上敲出了厚茧，而键盘膜也不知道换了多少张。

我在听了娟姐的故事后，再见到这两张照片，心里的震撼已难以用语言表达。要怎样的努力和付出才会不停更换键盘膜？要敲打多少字才能让双手起茧？所以，不要看到他人的成功，就总认为很容易，内心还泛起忌妒。

无独有偶，娟姐的闺密花儿也在一次次选择后得到了自己想要的生活。娟姐和花儿是高中同桌，毕业后娟姐开始工作，花儿上了大学，后来留校任教。花儿小时候吃尽了留守儿童的苦，所以在有了孩子后，她选择辞去工作，在家陪伴孩子成长。全职带孩子虽然陪伴了孩子，可是自己的生活却没有了。

花儿不想过这样的生活，在她看来，她的生活应该是美好的、精彩的。于是，花儿想：能不能中和一下，既能有时间照顾孩子，又能拥有自己的生活？考虑了许久，并在多方考察后，她终于决定开一家淘宝店，卖些育儿书籍和儿童益智玩具。

开淘宝店需要客源，花儿建了好几个育儿 QQ 群，和群里的宝妈们交流各自的育儿心得，摸索着推广自己的产品。

创业之初，总少不了各种艰辛，更何况是一个全新的领域。因为在新进入淘宝行业时，花儿眼前简直一片空白，她什么都不懂，什么都要学。她撸起袖子，找到上学时的状态，开始了不知疲倦的学习。时间会给努力的人最好的回报，不到半年，花儿算是入门了。

当然，创业时，学习是非常重要的一个方面，业务更是重中之重。淘宝店开起来后，花儿开始背着孩子跑业务、发传单、做地推，利用网络发掘客户。花儿每天的时间就在带孩子、学习、宣传、网络沟通中度过。

所有的付出都会有收获。娟姐和花儿从创业之初便相互鼓励，相互促进，在娟姐开第一家分店的时候，花儿的淘宝店已经有了很多粉丝，销量可观。现在，花儿的淘宝店已经是非常优秀的皇冠店铺。在微店开始运营的时候，花儿还尝试着又开了一家微店，到如今也是规模可观。花儿用自己的努力，真正实现了家庭、事业两不误的想法。

“不要羡慕我今天的生活，也不要抱怨你现在的生活状态，因为当我在不断学习进步的时候，你正和朋友侃大山；在我东奔西走做市场调研的时候，你正悠闲地坐在窗前喝茶；

当我一个字一个字敲出一本资料书的时候，你正无所事事地追剧、逛淘宝……你想要我这样的生活，完全可以，去走我所走过的路就行。”我的耳边响起娟姐的声音。

所以，美好的生活源于你选择了一条让生活更加美好的路，糟糕的生活也源于你选择了一条灰暗曲折的路。走上怎样的路，全在于自己的选择，以及在选择后所付出的努力！

当下的一切都弥足珍贵

不知道从什么时候开始，王娇每天都会在自己的朋友圈里发几张丰盛的美食照片。食物的美味就像要溢出照片一样，让人不得不去注意。她总会为自己的美食配上一些文字：美好的生活从一杯奶昔开始，自由的本质是自律后的舒畅……偶尔她也会发一些去旅游的照片，蓝天白云、海滩沙漠、古城都市……带着感慨，一切都显得那么清丽温暖。

王娇原本是公司的职员，每天朝九晚五地上班，有一天她厌倦了这样的生活，就辞职了。

而现在朋友圈的动态，是她和一群年轻人合伙成立了一家摄影工作室后发的。

从她的动态中可以看出，她每天和一群有活力的年轻人一起做策划、想广告创意、天南海北地拍摄婚纱照、不断旅游获取素材。

有段时间我陷入了迷茫期，时常抱着手机，盯着她发的动态发呆，望着自己周围不变的各类书籍，所有的文字都变得枯燥乏味起来。耳边响起的是“啪啦啪啦”的键盘敲击声，眼睛看到的是一个个方方正正毫无生机的文字，生活像被定上了闹钟，按照规定的进程前行，找不到一点儿生活的激情与乐趣。

想到王娇可以结识一群活力四射的同伴，可以去全国各地到处转转、呼吸新鲜的空气，可以领略别样的风土人情，而我的生活却毫无生机可言。那个时候的我曾多次想放下一切，追随她那样的生活脚步。

身边的人看我一直不在状态，全身围绕着消极的气息，于是建议我休个长假去散散心。我选择了云南大理，一个可以让人重新开始的地方。

我观赏了苍山洱海、大理古城、寺庙殿宇，领略到了不一样的生活和风景。在离开大理的前一天我居然遇到了王娇。我们两人聚在一起聊天，我告诉她，我想去追逐她那样随心所欲的生活。

谁知，她对我坦言，她并没有像朋友圈动态中那样光鲜亮丽，摄影这个工作不算轻松，经常需要天南地北地四处跑，还要时不时地创新以博眼球。当然，朋友圈中的生活是真实的，但那只不过是劳碌生活中一闪而过的风景，旅游也只是为了收集素材或是陪新人拍婚纱照时顺带的一段剪影，光彩照人的背后是狭小的旅馆、整夜坐火车、不停地奔波，从来都没有安逸享受地停下来去欣赏周围的风景。

我看着她因为熬夜长出来的黑眼圈，想到在旅游之城，我舒服地喝着冷饮走走停停观赏美景，而她扛着沉重的摄影机跟着别人四处跑，笑脸迎接每一对新人，之后还要 P 掉自己浓重的黑眼圈配上清新的文字发动态，我突然释然了。

当我们感叹生活枯燥乏味，羡慕别人光鲜亮丽的时候，可曾想过或许那只是我们看到的假象呢？因为那样的生活是自己没有切身去体验过的，因此我们将其美化，觉得它是那么的光彩照人，那么的有吸引力，觉得自己眼前的生活显得那么乏善可陈。

当我们了解了事情的本质后，才发现原来我们的眼睛被想象蒙蔽了，忽略了自己当下的生活。

我的两个表妹，萧萧和然然。

虽然两人是姐妹，但却有着完全不同的生活。妹妹然然，高中还没有毕业就出去工作了，现在有了自己的一家美容店。然然平时就在平台上发布消息等顾客预约，给顾客做脸部护理，偶尔出去散散步，俨然是一名自由工作者。

而姐姐萧萧，在知名大学毕业后又去了国外深造，跟着教授做学术研究。因为还在学习阶段，生活相对自由轻松。萧萧在学校认识了她的男朋友，一个地地道道的外国人。萧萧和男朋友住在一起，两人一起交流语言文化，一起养宠物，手牵手在校园内散步。

萧萧曾经对妹妹然然说："为什么不继续上学呢，学习能够让你有足够的能力去拥有优越的生活，早早地进入社会没有享受过大学时光，你不觉得遗憾吗？"

然然想了一会儿，说："我并不觉得遗憾，我只是比你早一点儿进入社会而已，虽然也吃过不少苦，但如今有了自己的店，和有着相同梦想的人一起奋斗。虽然不能如你一样享受大学自由无虑的生活，但我有了自己的事业，并没有遗憾的地方，只是我们两人的生活方式不同而已。”

然然盯着手机上顾客发来的消息，接着说：“因为你还在上学，你可以随时和男朋友来一场说走就走的旅行，不会被工作所扰；因为你的学历，你可以找一份轻松的工作，不用辛苦打拼。而我需要考虑太多的事情，忙于工作没有时间谈一场甜蜜的恋爱，本该在校园度过的时期却流浪于社会，所以你会认为我现在的生活没有自由，每天在店铺与家之间来回奔走，所以你觉得我应该是有遗憾的。

“但实际上并不是这样的，我的生活，我的工作，也有你不曾看到的地方。我深知自己在学习上不可能有太大的成绩，所以早早进入社会对我来说并不算一件遗憾的事情。我自己创业，不需要在公司里拼命努力，时刻观察老板和同事的脸色。创业过程中所吃过的苦也是我从未体会过的快乐，我懂得了责任与选择的真正意义，作为一个独立、成熟的成年人，我觉得为幸福的生活而努力是值得的，是没有任何遗憾的。

“一段好的爱情，在任何时候到来都不晚，不管是在什么地方、什么样的情况下，只要仔细经营和对待，那便是最美的爱情。我相信，即使我不能在校园谈一份纯真的恋爱，但我可以在社会上找到那么一个人，我们一起奋斗，一起打拼。虽然我们两个人的生活不在一个频道，但都有着不同的快乐和烦恼，这不需要拿来进行比较，一心过好自己当下的生活才最重要。”

确实是这样，不同的人拥有不同的生活方式，就像一个巨大的十字路口，有人选择向左转弯，有人选择向右转弯；有人选择直行，有人选择原地停留。每一个方向都有各自与众不同的风景，你认为自己看到的风景是最旖旎的，殊不知别人看到的也是风光无限。

有时，我们习惯拿别人的生活和自己的做对比，动不动就是“别人的生活、别人的男朋友”，实际上并不是我们过得不快乐，而是我们过于羡慕别人的生活，利用自己的想象将他人的生活美化，从而得出“自己的生活很糟糕”这一结论。

“你站在桥上看风景，而看风景的人在楼上看你。”你羡慕寂静安逸的乡下生活，而他却羡慕你繁华充实的城市生活。你羡慕他在最好的年龄遇到了爱情，而他却羡慕你自由的单身生活。

只有眼前的生活才是最弥足珍贵的，与其将时间浪费在比较上，不如敞开心扉，坦然面对，不轻易荒废时光，朝着有光的地方义无反顾地前行！

Part 2

没有爬上山巅，怎能见到风景独好

未曾尝试，为何已甘于平庸

时光是一条滚滚向前的长河，它裹挟着生活奔流而去，只允许我们不断向前迈进，不允许我们退回到开始的地方。我们每一次的选择都是仅有一次的尝试，无论最终是成功还是失败，结果都已无法改变。面对这一次次的“唯一”，没有为了深埋心底的理想尝试拼一把，你就甘愿沦为平庸了吗？

跟所有人一样，昊宇曾立志要成为一名科学家，但随着年龄的慢慢增长，他渐渐地在残酷的现实面前低下了自己原本高昂的头。现在他成了一家公司普普通通的一个小职员，每个月的工资刚够维持自己的开销。不过他没有任何怨言，因为他也没有什么远大的抱负，只想这么安安稳稳地过自己的生活。

从进入公司的那一天开始，昊宇抱着向前辈们学习的态度做事，将自己的工作安排得井井有条，他的表现给前辈们带来了危机感。不是所有人都甘愿被“后浪拍在沙滩上”，面对这样的后辈，也许有的人会选择提升自己，可有的人却会选择排挤新人，而昊宇公司的一些老同事恰恰是后者。他们私下里多次排挤昊宇，对他的请教爱搭不理，还总在经理面前说他的坏话。

那一天，昊宇突然被经理叫进了办公室，他很高兴，以为经理注意到了踏实工作的自己，要表扬自己。可是没想到，满心欢喜以为自己要被表扬的昊宇迎来的不是经理的笑颜，而是一顿劈头盖脸的训斥：“你的这份方案为什么和你的组长的一样？做不出来你就抄袭吗？想不到你不仅处理不好人际关系，人品也有问题。说实在的，你这样的人根本没资格成为我们公司的职员！”

经理的话让昊宇手足无措，他完全不知道自己哪里有问题，经理为什么要这样骂他，他只能呆呆地站在那里。片刻之后，昊宇找回了自己的思考能力，他心平气和地反驳经理道："我的方案虽然和别人的一样，凭什么你就认定是我抄袭？你把对方叫到这里来，我们可以当面对质。方案是我自己辛苦做的，我问心无愧。"

可是经理根本不给他对质的机会，只是不断对他恶语相向。

经理故意说出各种难听的话，想要激怒他，让他顶撞自己，这样就可以他不尊重上司为借口来辞退他。但昊宇仍然平心静气，他对经理说："不管你怎么诋毁我，我的能力就在这里，不会因为你的诋毁而减少半分，我的意志你也无法磨灭。早晚我会自己开一家公司，规模远远超过你这里。从现在开始，我不再是你的员工。"

虽然事情与经理想象的有所不同，但也算是达到了目的，因此，经理放松下来，背靠着椅子，用藐视的眼光看着他，轻蔑地说："我倒是要看看你能有什么出息！"

昊宇就这样离开了公司。他被经理的话激起了潜藏在心底的志气，重新坚定了自己想要出人头地的决心。没有努力过，怎么就知道自己不行？没有尝试过，为什么就已经甘于平庸？在那之后，他努力汲取各方面的知识，重新规划了自己的人生。

为了自己的志向，为了争一口气，昊宇选择从十分锻炼人的销售做起，再次开始了自己的职业生活。在这期间，他遭遇了无数的冷眼与嘲笑，也曾经历过起早贪黑地工作却没有丝毫业绩，被人们嗤笑和打击。他被人无数次劈头盖脸地痛骂，但他都没有就此消沉下去。这一次又一次的打击帮助他积累了一点又一点的经验，他的能力也随之慢慢增强。他花了几年时间从当初那个只知道争强好胜的小职员，成长为一个经验丰富、为人老成的销售人才。而后，他真的成立了一家公司。经过几年的辛苦经营，现在，他的公司的规模远远超过了之前他工作的那家公司。

如果没有那次的挫折，昊宇也许就会一直在那家小公司干一辈子，可正是由于那一次的挫折，他又重新找回了自己的志向，让自己的人生走向了不一样的道路。

我们大部分人走在一条未知的道路上，前方路途也许会逐渐平坦，也许会逐渐坎坷。如果我们的目的地是大海，我们便要努力观察脚下的道路，让自己越走越平坦，如果我们的目的地是山巅，我们便要披荆斩棘，努力看到山顶的风景。只要有目标，敢于为了自己的目标而奋斗，你的未来也许就是一片星辰大海。没有尝试过，你为何就已甘于平庸？

在人生之路上，挫折、磨难都很常见，不要因此而磨灭了心中的火焰，我们还年轻，我们的未来还充满着无限的可能。甘于平庸，只能徘徊于山脚；志存高远，才有可能登上山巅。

贫穷不是你丢掉志气的借口

志气是一个人的脊梁，无论我们贫穷还是富有，身处顺境还是逆境，我们都不应丢掉自己的志气。拥有志气，我们便拥有了勇往直前的勇气，即便前路再苦、再难，我们也能勇敢地闯过去。

我曾听朋友说过小梅的故事。

小梅出生在一个非常偏远的山村，那里贫困、落后、闭塞，重男轻女、女孩子只能相夫教子之类的思想在那里是十分正常的。作为一个女孩子，小梅的生活也就不难想象了。

小梅很小的时候，她的母亲就因病去世了，而她的父亲是个对长辈言听计从的“孝子”。小梅的奶奶一直嫌弃小梅是个女孩儿，早就想将她送走，小梅母亲这一走她的计划也就没人阻拦了。

于是，小梅被送到了养父母家。

小梅被送到养父母家时，已经记事了，她记得在原来的家中过的是怎样的生活，也知道自己并不是养父母的亲生女儿，所以她割草、打扫院子、喂鸡，努力干活儿，生怕再被送走。

小梅的养父母家里并不富裕，只是因为夫妻两人一直没有孩子，非常渴望有个小孩儿承欢膝下，所以才收养了小梅，好在他们并没有嫌弃小梅是个女孩儿，对她很好。小梅也在养父母的关爱中放下了芥蒂，真心接受了新的父母。

到了上学的年纪，小梅要去上学了，可是最近的学校离村子也很远，她每天都要步行一个多小时才能到达学校。可是，她从没想过放弃读书，因为她知道外面的世界跟这里很不一样，而读书是唯一一座通往外面世界的桥梁。她暗暗立志，自己一定要好好学习，将来带着养父母一起去看看外面的世界，过上好日子。

之后，就像我们听过的那些老套的故事一样，小梅通过自己的努力考上了一所一流的大学，进入了她向往的世界。上大学时，她在努力学习知识的同时还找了一份不错的兼职，让自己多方面的能力都得到了很好的锻炼，朝着自己的目标一步步迈进。

后来，小梅凭着自己的能力在一个二线城市买了房，将养父母接了过来，让他们安享晚年。

朋友问她，究竟是什么力量支撑着她从一个懵懂的小村姑走到现在时，她回答说："人穷但志不短，因为我经历过贫穷和落后，知道其中的痛苦，所以立下了坚定的志向，这才有了今天的我。"

生活只有在暮气沉沉的人眼中才是空虚而索然无味的，在胸怀大志的人眼中则充满了机遇和挑战。一个人倘若丢弃了抱负与志向，就像是缺失养分的植物，自然精神萎靡，无法开花结果。物质上的匮乏只会使身体受苦，而胸无大志、鼠目寸光、甘于平庸则会导致精神的空虚，这才是真正可怕、可耻的。唯有立下远大的志向，并为此不断努力，才能够跨过穷困这条湍急的河流，获得光明的未来。

阿申自小学习成绩出众，但由于家里贫穷，兄弟姐妹又多，所以身为长子的阿申读完高中后便放弃了继续学习的机会，独自前往北京闯荡，希望能补贴家里。出发前，父亲满含热泪地把他送到了车站，说："都是爸爸没用，没法给你们衣食无忧的生活，你还这么小，学习又这么好，可是却得自己跑到那么远的地方打工。是爸爸对不起你呀！"阿申却安慰爸爸道："这怎么能怪您呢？是我自己决定去打工的。而且，北京机会多工资也高，只要我肯努力，咱们家肯定能越来越好。"就这样，阿申带着全家的期望来到了北京，立志要改变自己的命运，改变全家贫穷的境况。

但许多工作都对学历有要求，没上过大学的阿申在这方面很吃亏。他在饭店当过服务员，在工地当过小工，但都没能做下去，因为这样的收入实在无法实现自己的目标。

后来，在一次偶然的情况下，他成了一名销售员。虽然工资仍然不高，但只要做得好，就可以拿到很高的提成。于是，阿申每天早上很早就到了公司，整理好一天的工作事项，晚上忙到十二点才回家，出去发传单、招揽客户时，他也很少停下歇一歇。有时候，他还会将传单塞到马路边停靠的自行车、电动车、汽车上，为此他没少遭别人的白眼，但是他仍然坚持不懈，甚至还会把传单递给批评他的人，笑呵呵地说：“您也拿一份看看吧，权当是解闷儿了。”

肯付出终究会有所收获，阿申拉来的客户越来越多，终于在某个月完成了好几笔交易。当他拿到那个月的工资时，他简直惊呆了，他怎么也没有想到，只是初中毕业的自己竟然能赚到这么多钱，他觉得自己的志向并不遥远。他更加努力了。

过了几年，攒够了学费及一家人生活费的阿申，离开了奋斗了很久的公司，重新参加了高考，步入了大学校园。此时的他虽然比其他同学大了几岁，但他没有因此感到自卑，而是树立了新的志向，并开始为之奋斗。

阿申成功改变了自己的命运，他让自己、让家里都有了翻天覆地的变化。在这之中，树立的远大志向绝对功不可没。

有人说，朝着既定目标走去是“志”，一鼓作气中途绝不停止是“气”，两者合起来就是“志气”。一切事业的成败都取决于此。苦苦等待也不可能给人带去财富和希望，我们要做的，应当是给自己树立一个志向，并为此不断努力，再努力……

有志气，便会有动力

很多时候，一个人对自己的判定，可能会影响他未来的走向。倘若你丢掉了志气，觉得自己怎么也比不上别人，觉得自己不可能有什么杰出的成就，那么，你大概真的只能庸庸碌碌地度过自己的一生。但是，倘若你相信自己有能力，认为自己能够取得别人那样的成就，那么你可能就真的能够成为想象中的自己。

以珊相貌出众，能力也很强，她和老公是大学同学，两人一起创业，一起成长。之后他们结了婚，还有了可爱的宝宝。在老公和亲友的劝说下，为了更好地维护家庭，以珊成了全职太太，每天的生活都很幸福安逸，这让以珊的朋友们都十分羡慕。

但天有不测风云，以珊原本平静、和谐的生活被一场意外打破了。以珊的老公突发脑梗，但他家又有过敏史，有些药不能用，只能在病床上慢慢调养。恰巧公司正处于转型的关键时期，没有以珊老公这个领导人在公司发号施令，公司群龙无首，陷入混乱。而以珊又早已脱离公司的管理层，想接手也不知道从何处上手，只能眼睁睁地看着公司陷入困境，最终宣告破产，小两口多年来辛辛苦苦攒下的财产也被以珊拿去偿还了债务。

生活就像多米诺骨牌一样，碰倒了一块，后面就会连续倒塌，卧病在床的丈夫、嗷嗷待哺的孩子、倒闭的公司、背负的债务，这一连串的打击压得以珊喘不过气来。但是以珊不愿对生活妥协，她决心扛起这些重担。几年的家庭生活让以珊和社会脱轨，她一时之间很难找到一份和自己原来专业对口的工作；但是这几年她的厨艺倒是突飞猛进，无奈之下她只能先到一家公司的食堂做厨师来维持生计，再慢慢寻找合适的时机。

以珊性格爽快，做事也同样干脆，做的饭菜更是美味可口，赢得了许多职员的喜爱。特别是她做的米粉肉格外受欢迎，每次做这道菜时职员们总是很快就将其一扫而空，看到这样的情形以珊觉得十分开心。

“以珊姐，你做饭的手艺简直一绝，尤其是这个米粉肉。我在外面吃过各种各样的美食，你这道菜绝对能排到 TOP3，你要是自己开个小饭店，生意肯定好极了。”某天跟以珊聊得来的一位公司职员这样赞美道。

这些话顿时给了以珊灵感：是啊，既然有手艺，那自己为什么不开个小吃店呢？既然我下定决心要扛起这份责任，就得想办法挣到更多的钱。只要做得好，当老板可比给别人打工挣钱多了。

以珊回到家后，马上就跟老公商量这件事，但没想到，老公不但不支持她，反而表达了强烈的反对意见，他说：“咱们还有不少外债等着还呢，开店的启动资金从哪儿来啊？而且你也早已经过了年富力强、能拼能闯的年纪了，就别再折腾自己了。”以珊的老公似乎已经被一系列事情打击得一蹶不振，只图安稳了。

但是以珊早已坚定了信念，又怎么可能因为老公的几句丧气话就丧失动力？她反驳道："这怎么能叫折腾呢？咱们虽然现在有些困难，但不能丢掉志气啊，明明有希望过更好的生活却连试一试都不敢，以后就会越来越消极。"于是，她不顾丈夫的反对坚决要将饭店开起来，因为她有充足的动力再去试一次、拼一把。

之后，以珊从亲朋好友那里筹集到了一些资金，决心要将小饭店开起来。她找店铺、谈装修、招员工，将所有的事情安排得井井有条，与此同时，她还要顾着家里，所以整天忙得团团转。但是她乐在其中，因为有了目标，她觉得自己有使不完的力气。

就这样，以珊的小饭店正式开始营业了。之前以珊工作的那家公司的职员成了小饭店的第一批顾客，他们热情地帮着以珊大力宣传，再加上以珊的手艺很好、价钱公道，店铺的位置选得也好，没过多久，小饭店的生意兴隆了起来。一年半之后，以珊彻底还清了所有的欠款，信心十足地计划着将隔壁店面也租下来，扩大经营。

人生有了目标就充满意义，雄心壮志是每个人都可以拥有的，它能够督促人勤奋进取，是我们走向成功不竭的动力。

其实，无论你的现状多么艰难，只要你有一颗进取之心，并渴望更高的山峰，你的意志和信念就会愈加坚定，动力也会更加充足，使未来可期。因为对于一个渴望建功立业的人而言，恶劣的环境、无数的制约都难以阻挡其前进的脚步。但是，如果你胸无大志、甘于平庸，即使你手握一副绝世好牌，最终也可能只是不输不赢，将极好的先天条件白白浪费了。

志气愿意住进每个人的心中，只是看你是否欢迎它的到来罢了。倘若你心房紧闭，拒绝志气的入住，志气也就会离你而去；倘若你敞开心胸，欢迎志气的到来，也就意味着你拥有了更上一层楼的决心和充足的动力，在前方迎接你的也许就是光明璀璨的未来。

不甘平凡，成就无数可能

在这个世界上，我们大多数人生来就是平凡的，我们的天赋普普通通，我们的相貌平平常常，我们的家庭简简单单，如果我们再甘于现状，那么我们的一生真的就只能碌碌无为了。能够取得成功的人大多拥有一颗不甘平凡的心，他们不安于现状，他们有更高的追求，有坚决的行动力，因此他们更易获得成功。

离开大学这座象牙塔之后，天琪找到了一份工作，每天朝九晚五，过着简单而平淡的生活。起初，他觉得自己的工作很好，工作清闲、不用加班，工资能够满足生活，就这么干一辈子也不错。可是，在这里待了几年之后，天琪觉得生活越来越无聊、越来越空虚，每天重复着枯燥乏味的工作，让天琪觉得自己对生活的热忱都快要消耗殆尽了。

天琪觉得，再这样下去，自己今后的生活可能都会被荒废掉，这与他最初的想法南辕北辙。于是不甘于平凡的天琪开始留意身边的事物，希望能找到合适的创业项目。

只要你肯留心，生活处处都是惊喜。在某次回家探望父母的时候，天琪意外地产生了灵感。

天琪的家乡是一个非常古朴的小山村，那里的建筑有许多修建于明清时期，历史悠久，很有韵味。周围的山山水水让小村庄的环境非常优美，不同的时节都有独特的景色。再加上政府前不久给这里翻修了道路，让村里人的生活在宁静、祥和的同时也不失便捷。

天琪的妈妈是个勤俭持家的人，很多旧物件都舍不得扔掉，什么结婚时打的床啊、柜子啊，生天琪时添置的桌椅板凳啊，还有多年不用的蜂窝煤炉啊、人工石磨啊，等等。天琪的爸爸总是劝她把这些老古董都扔掉，可是她怎么也不同意，宁愿放在角落里积灰。这次天琪回到家时又听到了父母说这件事。

听着听着，天琪突然灵光一闪，有了一个很好的想法：现在有越来越多的人喜欢出门旅游，像自己家乡这种古色古香、环境优美的地方通常都能受到人们的欢迎。既然有这么好的资源，为什么不将它充分利用起来呢？要是能在这里修建个度假山庄应该能招揽到不少游客。

说干就干，天琪利用空余时间做了一份详细的市场调查，觉得事情确实可行，而后又列出了具体的规划，劝说好友跟他一起来做这项事业。他们通过各自的方式筹集到了一笔资金，在这里买下一些土地，然后就开始专心打造度假山庄。

经过了一段时间，耗费了天琪和好友诸多心血的度假山庄终于建好了，他们先邀请了一些久居城市的朋友来感受了一下，让他们提提建议，大家都积极地出谋划策，让度假山庄的各项设施更加完善了。

之后，度假山庄正式营业了，他们建立了官方网站，在各个网站投放广告，还邀请旅游主播到这里来直播。慢慢地，越来越多的人知道了这个度假山庄，也有越来越多的人选择到这里游玩。现在，这个度假山庄再次扩建，已经有了不小的规模，还和旅行社取得了合作，给一直在城市里忙碌的人们带去一种全新的体验。

平淡、安逸的生活，容易滋养人的惰性，让人在不知不觉间丢掉了野心，失去了热情。不甘平凡，你就会有更精彩的生活。

丁莹是自信、有追求的人。她家庭条件不错，婚姻生活也很幸福，但是她不甘心当一个无所事事的“米虫”，总想去创业，让自己独立起来。

丁莹在做西点这方面很有天赋，也很有兴趣，就摸索着开了一家面包房。起初，面包房的生意还不错，味道好、价格公道，这为面包房吸引了一大批顾客。不过，想要维护顾客仅靠永远不变的几款经典面包肯定是不行的，还应当适时推陈出新，否则很容易被竞争激烈的糕点市场淘汰。丁莹的店当然也在开发新产品，可是这些新产品都没能获得广泛的认可，时间长了，店里的生意越来越冷清，经常赚不到什么钱，甚至有时候还会入不敷出。

老公看到这样的情况就建议丁莹关掉面包房，安心在家做全职太太，而且两人正打算要孩子，趁这个机会还可以好好调养一下身体。但是丁莹总觉得不甘心，毕竟是自己一手开起来的店，凝聚了自己诸多心血，跟自己的孩子也没什么区别了，孩子生了病哪个母亲舍得放弃治疗呢？于是，她还是决定要想方设法救活这家面包房。

看着丁莹为这件事着急上火，丁莹的妈妈也忍不住劝道："女人家庭稳定、和谐才是最重要的，面包房不挣钱就关了吧。"

丁莹却不认同妈妈的想法。她觉得靠山山倒、靠人人跑，只有自己才是最可靠的，女人不能只想着依赖别人，否则一旦出了什么问题自己完全没有抵抗的能力。

下定决心后，丁莹将面包房暂时交给退休在家的父母经营，自己则跑到一家著名的西点培训学校学习。起初，丁莹只能跟新手一起学习那些早已熟练的经典西点，但是她并没有懈怠，她有野心，也有耐心，于是她惊喜地发现，她做出的这些经典的西点在口感上也有了提升。之后，丁莹又学到了许多新潮的做法和经验，心满意足地回家了。

回家之后，丁莹重新装修了店铺，又上架了几款新产品，争取到了许多顾客。几年之后，店里的客流量早已稳定下来，丁莹又想到开设DIY项目，让对烘焙感兴趣的人可以到店里亲手制作糕点，这次又吸引了不少人的目光。丁莹的生意越做越好，她真的将一个小小的面包房经营出了一番新天地。

甘于平凡，你的生活就会如同一潭死水，掀不起半点波澜；安于现状，你就会毫无进步，止步不前。志向和追求拥有无与伦比的力量，它决定着你的人生是平庸还是辉煌。不甘平凡，你的人生就会拥有无数可能。

太过安分，难以遇到精彩人生

前一阵子，因为一些事情，我跟一个好几年没有联系过的老同学在微信上聊了很久。略带生疏的寒暄过后，我们又找回了熟悉感，开始天南海北地聊了起来，工作和生活则是我们聊天的主要话题。她告诉我，她现在工作的那家公司刚刚上市，发展前景很好，她的工资有了明显的提高。而且，她嫂子跟她在同一家公司里工作，她们能相互照应，所有的事情都在朝着好的方向发展。可此时，她突然话锋一转，说虽然她现在的生活很顺心，但她一直有一个冒险且大胆的想法：她想成为一名志愿者，到世界各地去闯荡一阵子。

我的第一反应就是，这个想法可真大胆。先不说一年空白的工作经历，会让她被多少职场的后起之秀 PK 下去；再说当志愿者也是需要自费的，恐怕她这几年的积蓄都要消耗殆尽；还有适应国外的生活也并非易事。我给她全面分析了一下，让她再慎重考虑考虑。可她丝毫没有动摇，反倒讲了她朋友的故事来说服我。

两年前，华姐还是国企中脚踏实地的老员工，生活一如既往的安分稳定，她的职业受到了众多长辈的交口称赞。可就在二〇一六年，华姐做了一个令所有人瞠目结舌的决定：打破舒适区，放下工作，去看看外面的世界。

众多亲朋好友一直劝她，希望她打消这个不切实际的想法，但华姐抱着一股强大的信念，毫不留恋地放下了一切，花了将近十个月的时间一人一车横跨亚欧非的二十多个国家，共三万多公里。

其实，早在豆蔻年华时，环游世界的梦想就已经在华姐的心中生根发芽了。那时的她初到广州上学，第一次走出家乡的她惊喜地发现外面的世界是如此广阔而精彩。她暗自下定决心，无论要多长时间，无论要去哪里，总有一天她要付诸行动用脚步丈量这个精彩绝伦的世界。

在三十而立之前，华姐已经在大半个中国国土上留下了足迹，而环游世界的想法一直被搁置。在国企工作了十几年，重复单调的工作模式早已使华姐的激情荡然无存。她一直向往充满未知和惊喜的生活，她觉得再这样“安分”下去，就再也没有机会去实现梦想了。

于是刚过三十五岁的华姐决定实施那个深埋已久的计划——环游世界！在这之前她花了三年时间存钱、规划路线，为踏上一段崭新的征程做好了充足的准备。

尽管，她的存款并不充裕、自身的方向感不是很好、驾驶技术不够熟练，但这些都无法阻拦她环游世界的梦想。她从内蒙古出境到俄罗斯，踏上了一场遥远而未知的旅途。

旅途中，她看到了很多新鲜的事物，结识了新的朋友，每到达一个地方就去融入当地的文化，那是一种全新的生活状态。

她还说，其实每个人都有追求，每个人都有梦想，只不过她跨出了那一步。

华姐身边的人对此也各有各的看法，有的人认为她不顾一切，说走就走太冲动；有的人则钦佩她的胆量，认为华姐做出了自己一直想做却不敢做的决定。的确，华姐冒着许多人不敢冒的风险，但同时也经历了别人不曾经历过的精彩人生。

听完这个故事我不禁愕然，然后转为深思，这样的人生是很多人梦寐以求的吧。还没等我回过神来，老同学紧接着又讲了一个关于她闺密的故事。

小陆的父母只有小陆一个孩子，所以小陆是在父母的疼爱中长大的。但是，她的父母也因此对小陆有着很强的控制欲。在小陆刚毕业的时候，父母就严词要求她回到他们身边，并托人在附近找了一份安逸、稳定的工作，还给她介绍了一个条件优越的小伙子。

小陆其实并不甘心听从父母的这些安排，她之所以千里迢迢地跑到离家很远的其他城市上学，就是为了脱离父母的掌控，亲身去感受外面的世界。

她并不是没有跟父母倾诉过自己的想法，可是她所说的梦想在父母看来都是海市蜃楼，根本不能当真。稳定的工作和安稳的生活才是人生中最重要的东西。小陆无力反抗，只能勉强按下自己那颗不甘平淡的心，按照父母的期望过着平稳的生活。

小陆之后的生活确实十分安逸，但一成不变的生活充斥着枯燥和乏味，令她故步自封，梦想也离她越来越远。她相夫教子，眼里只有柴米油盐，成了名副其实的家庭主妇。

老同学再见到小陆的时候，小陆已经丢失了先前的朝气蓬勃，取而代之的是倦怠的生活气息。她对老同学说，其实人生真的是自己选择的，如果当初的自己再坚决一些，趁着自己年轻、父母身体健康的时候，不顾一切去追求自己的梦想，也许之后的一切都截然不同。

小陆的故事让老同学意识到，向前一步是自由，退后一步是束缚。我们要活出精彩的自己，大胆追求自己想要的人生，而不是按别人的意愿，亦步亦趋地生活。人生贵在懂得为自己争取，而安分的生活会让我们不思进取。

听完这两个故事之后，我完全理解了老同学的想法，不为自己搏一次的人生是不完整的，是会留下遗憾的。

聊天的最后，老同学又说了这样一段话："我必须要打破舒适区，摆脱安分的人生，才能打开新世界的大门，才能实现自己的抱负。即使归来后，一切需要重新开始，我也无所畏惧，因为经历过一番闯荡历练，变得更加强大的我，才有能力承受更多挫折，有勇气重新扬帆起航。”

确实，想要摆脱平庸的人生，首先就要舍弃“安分”的生活，鼓起勇气面对更多的不确定。直到暮年，回首往事时，不因碌碌无为而悔恨，不因虚无度日而羞愧，不因安分守己而慨叹，而是感到骄傲和庆幸。因为我们曾在人生的旅途中绽放异彩，超越了自我。

现今，有多少人一直在安分守己，深埋心底的想法从未付诸行动。以前总以为“不安分”代表着三心二意，代表着好高骛远。而现在终于懂得真正的不安分其实代表着一种独立、自主、自信、自强的奋斗精神，代表着不妥协于自己不想要的生活，去遇见更美好的自己。

如果将人生比作一条路，那么安分的生活就像一条平稳笔直的路，不安分的生活就像一条曲折起伏的路。

平稳笔直的道路，一眼就可以望到头，但缺少了新鲜感和吸引力，而行走的人自然就少了激情和对未知的期望。

曲折起伏的道路，虽然看不到清晰的方向，但只要用心体会，处处藏着惊喜，而行走的人自然就有了憧憬和前进的动力。

两条路代表着两种截然不同的人生，你会如何选择呢？毋庸置疑，比起平稳笔直的路，后者更令人流连忘返，更值得你走一走。因为这条路能让你欣赏到不一样的风景，不断开阔自己的眼界。

三毛说："没有变化的生活，就像织布机上的经纬，一匹一匹的岁月都织出来了，而花色却是一个样子的单调。"

现在的你是不是像那布匹上单调的花色，过着毫无变化的生活？你的生活是不是像一潭死水，而你却久久不敢打破？你的内心是不是一直跃跃欲试，却因为顾及家人的想法而只能枉自躁动？

你是不是一边循规蹈矩地生活，一边对无趣的人生厌烦不已？

如果你的回答都是肯定的，那么那条曲折起伏的路才是你最佳的选择。虽然安分可以使我们的人生更加平稳，但是我们也会因此错失很多美好的风景。不要等到激情慢慢冷却，梦想逐渐消失，才发现自己想要做的事情还有很多。

不要害怕现在，不要恐惧未来，拿出你的勇气打破安分的界限，让人生变得更加精彩。

太过安分，怎能遇到精彩的人生？

Part 3

不要轻易埋葬你的梦想

你无法掩埋不灭的梦想

小冉打算挑战徒步登山时，正是她那原本绚烂的梦想濒临破裂的时期。

那天下午，小冉让我陪她去买一些需要用到的装备。

我看她兴奋地挑选着商品，也就放心了些，可她之后的问题却将我打了个措手不及，她笑着问我："阿米，你说我会不会还没爬到山顶就因为缺氧死掉了？"

我愣了愣，然后坚定地回答："不会。"

到了今天，我仍然清清楚楚地记得小冉笑着问我她是不是可能会死掉的样子。

当时的她笑得那么灿烂，可我清楚，她的心中正密布着层层阴云。

小冉从小就梦想着成为一名摄影师，她也知道想要实现这个梦想有多么艰难。

小冉是从一个小小的摄影助理做起的，她的薪水少得可怜，但是工作强度却大得惊人。她要不顾酷暑寒冬地出外景，也要用那个柔弱的身体去搬运那些非常沉重的器材。漂亮的裙子、高跟鞋都与她无缘，日常她只能怎么方便怎么穿、怎么舒适怎么来。所有摄影师容易患上的职业病，她也基本上一个不落全得了。

任谁说这也不像是女生该过的生活，但小冉是那么热爱那个记录世间美好的瞬间。她爱到无法自拔，所以甘愿付出任何代价。

其实，小冉也不是一开始就走上这条道路的。

小冉毕业于新闻系，她曾经带着希望给我们讲述过今后的职业规划。但是，她在试着去搜集新闻素材、采访别人时发现，她会不由自主地仔细观察被采访者，思索着以哪种角度拍摄才可以呈现出最好的效果。

于是，她说服了父母让她去学习摄影，一毕业就到某家著名的摄影学校报了名。

单反、镜头、学费，每一项都花费了小冉大笔的资金，她总算理解很多摄影师挂在口头的“摄影穷三代，单反毁一生”这句话是什么意思了。但小冉依然义无反顾地去学了。

后来我们再见面的时候，小冉早就学会各式各样的摄影技巧，还成了一名摄影助理。“现在这样的生活真是太美好了，我简直太开心了！”说这话时，她笑得像一朵开得正盛的小花，是那样明媚。

这还是我第一次见到她这么开心，似乎就连之前跟我们讲述她的职业规划时，她也没有散发过这样耀眼的光彩。原来梦想真的可以让人脱胎换骨。

之后，我也去了小冉所在的那个城市。

朝九晚五的职场生活让我有些疲惫和厌倦，下班后去见见小冉就成了我最好的放松方式。每次我去找她的时候，她都在忙碌，调整灯光，举着反光板找角度，帮助摄影师跟客人进行事前、事后的沟通。不管多么忙碌，她都是一副乐此不疲的样子，因为她能在这里得到经验。她觉得为了获得宝贵的经验，她能一直坚持下去。

那阵子，她累得掉了十几斤，瘦得都快不成样子了，可她也没钱给自己补身体，只能这么熬着。我除了会找借口请她去吃大餐之外，并没有过多地劝说，因为她眼里散发的光彩让我知道，哪怕餐风饮露，只要梦想还在，她就能生活得很好。

半年多之后，小冉迎来了转机：之前摄影学校的同学想开一家摄影工作室，想让她来做摄影师。

她终于能拿起相机拍摄属于自己的作品了，当她得知这个消息后，她马上给我打了电话，我从电话里都能感受到她满满的兴奋与激动。

那天晚上，我们在大排档喝得酩酊大醉，在温暖的夜色中，我们哭着笑着，畅想着未来，直到月亮爬到了高高的屋顶，月光洒满一地。

工作室刚刚成立，薪水很低。但小冉手一挥，毫不在意，她说："之前那样的苦日子我都熬过来了，现在可比那时候要好多了。只要开了张，以后就会越来越好了。"

因为人员缺乏，同学还有其他的店面要管理，所以小冉不得不身兼数职，忙得不可开交。

几个月过去了，工作室依然没有顾客上门，虽然同学可以用另一家店的收入做支撑，可是一直这样下去也不是办法，小冉很忧心。

就在小冉为工作室的前景和自己的未来担忧时，同学又招聘到了一位摄影师。和才入行不久的小冉不同，这位摄影师已经在这个圈子里混了很多年，有着丰富的经验。虽然同学说招聘新摄影师是来辅助小冉的，但很明显，形势不利于小冉。

果然，事情还是发生了。

不久后，终于有人来找工作室拍摄了。那时，小冉一直忙着宣传片的拍摄，无暇分身去接手新工作，于是，同学就让新摄影师来跟客户洽谈，并言之凿凿地说新摄影师只负责沟通，拍片子一定让小冉来。结果自然是并非如此。

为了实现成为摄影师这一目标，小冉一直在苦苦支撑，最后却无法亲手拍摄，同学也有些愧疚，说："要不你就负责工作室的运营吧，别做摄影师了，你从利润里抽成，好不好？"

听到同学的建议，小冉像是受到了蛊惑，脑子一蒙，答应了。

之后，她在父母那边的说法一直都是工作很顺利，学摄影的钱都已经赚回来了。可现实是，她为了买新镜头努力攒钱，很久没有好好打理过自己，在外吃饭也只敢点最便宜的东西。

那一天，我接到了去挑战徒步登山的小冉打来的电话。

“喂，喂，”她断断续续的声音从电话里大声传来，“阿米，我已经爬到山顶了，上面的风好大，你听！”

巨大的风声在我的耳边回响。

呜——呜——呜！

震天撼地。

“我说得没错吧！无论山峰多高，你也不会就那么死掉！”我对着电话那头大声喊道。我听到她哭了。

“我的梦想是不是也不会死掉？”在寂寥的山顶之上，小冉呜咽着问我。

“不会！”我像那时一样，依然坚定地回答了她。

回来之后，小冉选择了辞职。

面对发展得越来越好的工作室以及越来越多的分红，小冉依旧毫不留恋地放弃了。

现在的她早已修炼成技术卓绝的摄影师，受到了业内的好评，在好几家摄影工作室下挂名工作。

有人问她："这个行业这么残酷，你是怎么坚持下来的？"

她笑了笑，道："我只是无法亲手埋葬我的梦想罢了。"

曾经觉得即使卖了自己可能也无法完成自己那奢侈的梦想。后来才明白，只要你不妥协、不苟且，你的梦想就在你触手可及的地方。

梦想在未来等你

我们的一生要经过无数的岔路口，每一个岔路口都需要我们做出选择，而每一个选择都会影响我们的未来，就像南美洲热带雨林里的一只蝴蝶，轻轻扇动几下翅膀，就可能让美国得克萨斯州在两周以后产生一场龙卷风。

我相信每个人都有过梦想。也许是想成为一名军人，也许是想开一家小店，也许是想成为一名音乐人，甚至幻想过一夜暴富再也不用为缺钱而发愁。

当我们在追逐梦想的道路上抵达某个点时，我们可能误以为已经到了终点，可试探性地往前一迈，却发现前方的路还很长，我们真正的梦想还在前方。

几年前，小薇大学毕业了。她要从父母、师长的保护下走出来，独自面对这个复杂的社会了。有人说，进入了社会就进入了另一个世界。可这个世界究竟是什么样的，小薇却一无所知。

大四的下半年，小薇一直处于一种迷茫、焦躁不安的状态，不知道自己的未来究竟会通向何方。那时候，编导系的某个朋友有一项作业要拍摄，选题是毕业季，于是特意跑到小薇的宿舍来拍摄。她挨个采访了宿舍里的成员，问了许多关于感情、未来、人生方面的问题，小薇看过最终的成品，里面的自己一脸茫然、无精打采。

小薇的毕业论文得了高分，可是马上就要到最后的离校期，连宿舍都无法再住下去。而很多同学已经找好了工作，马上就要开始新的生活。小薇在毕业论文上花掉了太多时间，最后却成了无业游民。没有工作，没有住处，那时候的小薇觉得特别孤独。

她要赶紧租房子、找工作，从此以后万事都只能依靠自己。

那段时间，小薇每天都在浏览各种招聘网站，投了很多简历，可基本上都是泥牛入海，没有回音。

后来，小薇终于收到一家课后辅导班的面试通知，可是那家辅导班很小，小得连一楼的商铺都没有租，只是将辅导班开在了居民楼里。

面试那天，小薇站在楼底徘徊了很久，不知道自己应不应该选择这家公司。

这家公司和小薇之前想象的完全不同，但最终，她还是去面试了。面试的第一关就是先做一套语文考卷。做完了卷子，有人去批改，老板来跟小薇谈话。经过一番了解之后，试卷的结果也出来了，老板告诉小薇，她的成绩不是特别好，但是他更看中小薇的实际操作能力，结论就是让她第二天开始上班。

面试结束后，小薇并没有因为找到工作而高兴，因为这份工作跟她的预期有太大的差距。

第二天一早，小薇虽然满怀不安但还是走在了上班的路上。

早高峰还碰到堵车，于是小薇第一天上班就迟到了。随着堵车时间的增长，小薇越来越犹豫是否要接受这份工作，便给妈妈打了个电话，说出了自己的想法。电话那头的小薇妈妈只是说："不想去咱就不去了。"听到这话，小薇似乎找到了支撑，立即在下一站下车，给老板打电话辞了职，坐上了回住处的车。

至此，小薇放弃了这个人生路口上的第一条岔路。

那时，小薇的朋友想要开一家咖啡书屋，每天读读书、晒晒太阳，日子一定很惬意。她想拉小薇入伙，小薇觉得这样每天沉浸在书的海洋中也很好，便被她说动了。可是咖啡书屋应该怎么开，她们两个却毫无头绪。但先去找一家咖啡书屋工作一段时间，看看别人是怎么做的应该是一个不错的选择，小薇便去了。

虽然这种地方比较少见，但小薇恰巧幸运地找到了一家。

那天的面试是在上午，面试官看起来年龄不大。对方看了看小薇的简历后，没有多说什么，只是问小薇为什么想找这样一份工作。

小薇犹豫了几秒，告诉对方说她对咖啡书屋有种情怀，一直希望能有机会来这种地方工作。

对方又问："从简历上能看出你很优秀，你在大学里得了那么多的奖项，现在这里只能做一个小小的店员，你不会觉得不甘心吗？"

这个问题真的问住了小薇。她大脑一片空白，不知道说什么好，只能结结巴巴地重复了之前的回答，说因为自己对咖啡书屋有种特别的情怀。

对方又问了一些问题之后就让小薇回去等通知。最终，小薇没有被录用。起初，小薇非常不能理解自己为什么没被录用，觉得自己怎么可能连一个店员都应聘不上，这简直是天方夜谭。

之后，小薇冷静下来了，她再次思考时却发现，虽然没有被录用，但这却帮她修剪了人生中横生出的枝节。她那时只是被朋友花团锦簇的描述冲昏了头脑，于是被朋友带到了另一条岔路口，她并没有弄明白自己心底真正的想法。面试官觉得这样的人只会将这里当成一个踏板，迟早都要离开。与其选择这样不稳定的人才，倒不如选择那些能力一般，却能长期工作下去的人。对小薇而言，如果真的选择在这里工作，也许真的会如对方所说，可能会心有不甘。小薇虽然不是什么不可或缺的人才，但她的大好人生才刚刚开始，她的未来有着无限可能，可以选择更加宽广的道路，开咖啡书屋也并不是她的梦想。

至此，第二条岔路也被堵上了。

后来，小薇成了一家杂志社的文字编辑。三年后，主编跳槽离开了杂志社，领导打算从编辑里提拔一个人成为主编，小薇是强有力的候选人。这个机会对于刚刚工作三年的新人而言真的是十分难得。几位领导接连找小薇谈这件事，那时，小薇觉得自己就要迎来一个光明的未来了。但之后她马上冷静了下来，委婉地拒绝了领导。没有几个人能抵挡升职加薪的诱惑，小薇当然也希望能更上一层楼。但是她对自己有着清醒的认识，知道自己未必有足够的能力去掌控一本杂志的走向。

而且当时她的新书正要出版，小时候的作家梦正在向她招手，似乎马上就要成为现实，这让她怎么舍得放弃这些去尝试接手主编的工作？将现在的工作做到最好，为自己留下更多的时间来写写文章，提升自己的写作水平，让笔下的文字能够感染更多读者，抓住更多与此相关的机会。

于是，这条岔路也在小薇的迟疑中慢慢消失了。

新书的合同谈得很顺利，小薇的书正式出版了。拿到样书的那一刻，一股强烈的满足感从小薇的心底涌了上来。小薇觉得她多年的彷徨、迟疑，在这一刻似乎都消失了，成为一名作家这个梦想在她的心里熠熠生辉，占领了她全部的思绪。

之后，她将自己全部的空闲时间都用来写作了。虽然有些苦、有些累，但她觉得这才是她最想要的东西，她乐在其中。

小薇未来的道路笔直宽广，所有的岔路都已经消失。

在我们的前半生，会有很多的梦，有些梦犹如美丽的泡沫，只可远观，一触即破，有些梦犹如充满奇幻色彩的海市蜃楼，可望而不可即，还有些则犹如海上的灯塔，引领我们走出迷雾，不断前行。这些梦大部分只是一时的冲动，热情燃烧过了，热度也就消失了，不再想着去完成，只有沉在心底的梦才是你真正的梦想。也许你无法轻易分辨出哪些是一时冲动、哪个是真正的梦想，但我们要清楚，虽然每一次选择都会改变未来的道路，可你真正的梦想不会因一时的迷失而彻底消亡。

我想，我们都无法看清人生的全貌，所以我们才会更加好奇，想要努力拨开上面的迷雾，看清它真正的模样，然后随着它不断前行。假如那时，小薇成了那家深藏在居民楼里的辅导班的语文老师，做着与写作有联系却又貌合神离的工作，她的人生会走向怎样的方向？如果小薇那时被咖啡书屋录用，她的人生会有怎样的际遇？再然后，倘若那时小薇没有拒绝领导，成了杂志社的主编，她的人生又会有怎样的转折？

无论是辅导班的语文老师、咖啡书屋的店员，还是文字编辑，都是她人生之树上的枝干，只有成为一名作家这个梦想才是主干。

为了找到这个梦想，小薇不停地徘徊，也不停地选择，在人生的各种岔路口上游移不定。

梦想有多少种样子，你的人生就有多少种选择，但究竟哪种更符合你心中所想，只有你自己才知道。它就如同一个迷宫，通往出口的正确道路只有一条。你的每一次选择与被选择，拒绝与被拒绝，都将成为你的指路牌，引领你走向出口。

无论你在寻梦之路上会遇到怎样的颠簸，但请遵从你心底最纯粹的那个声音，找到你真正的梦想，要记得，梦想在未来等你。

为梦想，我选择颠沛流离

漂泊，也许是了解自己、了解世界的一种最直接的方式，可能只有在这一过程中，我们才能弄清自己隐藏在心底的真实想法，逐渐对自己与世界产生更加深刻的感知。倘若你总是在原地徘徊，你又怎能领略到远方美好的风景？

半夜十二点，刚刚赶完一篇稿子的我正打算进入甜蜜的梦乡，手机铃声却不合时宜地响起，我心中的怒火刚要燃起，但看到来电显示时却悄然熄灭，打来电话的是我的发小儿景怡。现在，她就在离北京站不远的酒店里。

“我来的时候图便宜买的硬座，足足坐了十几小时，现在刚在酒店安顿下来，真是累得不行。可是我现在兴奋极了，总想找人聊聊天，翻了半天手机，还是觉得找你最合适。”景怡的声音透露出她的兴奋，完全无法想到她刚经历了一次疲惫的火车之旅。

她告诉我，她这次跑到北京来是为自己的梦想打拼的，虽然有些突然，但她已经经过了慎重的思考。其实，景怡很早就去了上海，已经在那里待了好几年，也有了一定的根基，可她说走就走，没有丝毫拖延，我知道，她的性格就是这么风风火火、雷厉风行。

景怡与我来自同一个小镇，我们小学是同桌，初中恰巧也是同班，将近十年的同班缘分让我们结下了深厚的友谊。初中的时候，她十分叛逆，虽然坐在教室里，但她的心早已不知飞向了何地，学习成绩自然不可能有多好。中考结束后，别人都上了高中，她却死活不愿意再上学，问她想干什么她只说想去做生意，她的父母拿她没办法，相互妥协之下，只能送她去上了技校。

那时，我刚刚感受到高中紧张的学习生活，正在为各种各样的考试而心慌意乱，却听说她已经结束了学习，找了个地方打工，想要为自己攒出一笔启动资金。后来，听说她独自一人跑到了上海，真的跟朋友合伙做起了生意。正当她们的生意越来越好之时，她的合伙人却骗走了进货的资金和她这些年的积蓄，留下一地的烂摊子等着她收拾……

我逐一向她求证这些从别人那里听来的消息。她先是没有作声，而后便告诉我这些确实是事实，她说那段时间她确实过得十分艰难。

她说，她最困难的时候兜里只剩一百块钱，幸好找到个服务员的工作，老板人也很好，让她凑凑合合住在了饭店的休息室里，还能用每天厨房里剩下的菜做点儿吃的。那时，她也想过干脆放弃，直接回家，可这一百块钱连回家的路费都不够。

“那之后你肯定挣够了路费，可为什么没回家呢？在父母身边工作肯定比在外打拼轻松多了。”我忍不住问道。

“因为我不甘心啊，要是没打拼出一番事业，没实现我的梦想，就这么灰溜溜地回去，我之前的努力算什么？”她慢慢说道。

许多人都不能理解：稳定、安逸的生活不好吗？为什么有些本可以拥有它们的人却选择了放弃，非要独自跑到陌生的环境里打拼？为什么将亲朋好友的心意和挽留搁置在旁，一定要去外面的世界闯荡？

他们不能理解那些漂泊者究竟在想些什么，究竟在坚持什么，于是他们便笑嘻嘻地等着看漂泊者们灰溜溜地从外面回来，成为人们的笑柄，以佐证他们心中“在家才是最好的选择”这一“真理”。

但这些人根本无法想象漂泊者们曾见过怎样绚丽的风景，更不能想象他们在外为自己的梦想奋斗时是多么闪耀。倘若你也见过那么多绚丽的风景，也见过那个闪耀的自己，那么你可能就不会轻易舍弃你的梦想了。

在漂泊者们的眼中，梦想是他们心中的净土，是不可侵犯的神圣之地，也是他们生活的重要组成部分。为了梦想，他们愿意付出成百上千倍的努力；为了梦想，他们愿意选择颠沛流离。而我的发小儿景怡只不过是这些人之中普普通通的一员而已。

我相信，未来的她必然能够成为她期待中的模样。她的梦想也一定能绽放出耀眼的光芒。

多年前的一天，我正式宣告放弃父母替我找的“铁饭碗”，决心自己外出闯荡，从办公室里走出来的一瞬间，我感觉到了自由的气息，感觉到梦想在向我招手。

每天被困在小小的办公室中，大部分时间无所事事地玩着手机、浏览着网页，这不是我想要的生活。与其在无所事事中消磨意志，倒不如为梦想拼搏。要知道，现实与梦想大多走向截然不同的两个方向。想要自由，安稳就会离你而去；想要安稳，就意味着要舍弃自由。大多数人逃脱不了这个现实，你必须从中做出选择，而我选择的是为梦想拼搏。

梦想是点燃你心中热情的火种，它让处于低谷的人获得安慰，让被失败打击的人不放弃重整旗鼓，让一无所有的人能够重燃信心，也能够让被挫折绊倒的人勇敢地爬起来，继续前进。

虽然这个世界时而犹如暴风骤雨般残酷无情，时而犹如和风细雨般温柔娴静，时而将人们推入无边的黑暗之中，时而又会在黑暗中透出一丝光明；只要梦想犹存，你的生活便有希望，哪怕这个世界与你憧憬的截然不同，你也能够精彩地生活下去。

有些人自始至终过着在外漂泊的生活，这种漂泊可能会一直持续下去，但我清楚，他们不是随波逐流，他们是在为自己的梦想打拼。

为梦想，我们都愿意选择颠沛流离。

梦想开花前，没有人知道它的结果

人生之旅上到处都是未知，有时道路崎岖坎坷，有时道路平坦宽广。没有梦想的人好似在黑暗中摸索着行进，无论是崎岖还是平坦都难以勇往直前。而心怀梦想的人仿佛用勇气和坚持点燃了一盏明灯，无论白天黑夜都能够大步向前。

田蕊小时候，从电视上看到舞者在热情洋溢地跳舞，觉得翩翩起舞的舞者很美，便想去学舞蹈。对田蕊有求必应的父母就将她送到了舞蹈学院去学习。田蕊的梦想没有在辛苦的训练中被消磨，反而被打磨得更加熠熠生辉。在她的不断努力下，她跳得越来越好、越来越自在。

机会总是悄无声息地到来。某次，一个权威机构举办了舞蹈大赛，田蕊也参加了。在第一轮淘汰赛中，她一鸣惊人，给评委留下了深刻的印象。

在第二轮淘汰赛中，田蕊为了让表演更加精彩并争取晋级，给自己的舞蹈中加入了很多高难度动作。谁承想，她在比赛时用力过猛，不小心跌下了舞台，导致左腿严重骨折。经过医生及时治疗，田蕊的腿逐渐恢复，却留下了后遗症，医生建议不要再进行剧烈的运动，舞蹈最好也放弃。

对于田蕊而言，这个打击无疑是致命的。多年来的汗水和泪水，竟然都成了无用功，这是她怎么也无法接受的。随着时间的流逝，在家人的陪伴和安慰下，田蕊慢慢走出了迷惘、颓唐的阶段，但这件事还是给她留下了很大的阴影。

某天，田蕊看到了某场比赛的开幕舞蹈，表演者都是残疾人。他们尽情舞动的样子犹如不慎落入人间的精灵，散发着迷人的光彩，身体的残缺完全不会影响他们的光芒，反而增添了一份震撼力。田蕊沉寂已久的心再度剧烈跳动起来。

在那之后，田蕊又开始练习舞蹈了。虽然她这次要面临更大的困难与挑战，要忍受之前没尝过的痛苦，但她都凭着对舞蹈的那份炙热的喜爱坚持了下来，慢慢地，她能够自如地舞动自己的身体了，她感到非常满足。她知道，即使无法像之前一样努力一名舞蹈家，但她至少还在跳舞的这条路上。

田蕊的脸上又布满了笑容，亲友们也被她打动了。有些人听说了田蕊的事情后还特意跑来找她，希望她能带着他们的孩子学习舞蹈，这给了田蕊启发：成立一个舞蹈培训班。

田蕊的舞蹈班成立了，她每天带着孩子们练舞，生活充实而满足。慢慢地，随着学员接二连三地在一些舞蹈比赛中取得优异的成绩，这家舞蹈班闯出了名堂。如今，田蕊变得更加自信、开朗了，相信她今后在这条道路上一定能越走越好。

每个人都曾拥有一个美丽的梦想，但纷繁炫目的世界让你迷失了自我，不知将梦想丢到哪里去了。当你迷茫、不知所措时，不妨再去看看你当初的梦想，它会像一盏灯，将你前方的道路照亮。

浩子从小身体羸弱，个子也比同龄人矮小。为了让浩子有一个更加强健的身体，爸爸常常带着他到附近的公园打篮球。虽然条件有限，连球筐都是爸爸买来系在灯柱上的，但浩子依然玩得非常开心。慢慢地，篮球好像成了他生活的一部分，他的梦想也从成为科学家变成了一名篮球运动员。

爸爸将儿子的变化看在眼里、记在心里，他看到了儿子对篮球的热爱，便决定送他去接受训练。可是教练却说让他放弃成为篮球运动员，因为浩子的个头比其他同龄的孩子要矮很多。身体素质可以训练，但个子矮却无法有太大改变，而对于一个篮球运动员来说，这却是必要的条件。很多人都劝浩子放弃篮球，将篮球当作一种爱好还行，但是将其当成自己的职业理想就有些不切实际了。

“博格斯的身高才一米六，可这并不妨碍他成为一名出色的篮球运动员。我知道我肯定没办法跟博格斯相比，但是我跟他一样热爱着篮球，它是我的梦想，我不想还没尝试过就选择放弃，也许尝试过后并不会成功，但是不尝试一下肯定不会成功。”浩子的话语感动了教练，也打动了反对他练篮球的人，他如愿以偿地开始进行训练了。

浩子非常珍惜这次机会，他每天都不打折扣地完成教练安排的任务，其他人喊累、偷懒的时候，浩子依然在认真地练习，这让许多人都对他刮目相看。

高中的时候，学业变得越来越紧张。妈妈觉得如果浩子再这样将大部分心思放在篮球上肯定会影响学习，而以体育特长生的身份去考体校，未来的出路就会特别窄，所以妈妈开始反对浩子继续打篮球。面对妈妈的阻拦，浩子当然不甘心，但他也明白妈妈是为了自己好，于是他与妈妈商议，他会努力学习，进入一个在常人看来有前途的专业，但妈妈不能再阻拦自己练球。妈妈同意了。浩子也真的如自己所说，凭借自己的努力进入了一所优秀的大学。

进入大学后，浩子依然没有放下他热爱的篮球，他以出色的球技和强烈的热爱被选为校篮球队的队长。但是浩子没有满足于此，他依然以成为篮球运动员为梦想，并为此不断努力着，希望能等到合适的机遇。

浩子作为校篮球队的一员，代表学校参加过许多篮球比赛。在他即将毕业之时，他们学校要与其他学校进行一场友谊赛。可没想到某位队员在来的路上受了伤，无法参赛，而校篮球队同时还有一些人去其他学校比赛，造成人手不够，所以没有安排替补队员。于是本来只是作为前辈去指导的浩子临危受命，亲自上场比赛了。在这场比赛中，一位专业篮球教练注意到了浩子，觉得他有进一步成长的空间，便吸纳浩子进入了他所在的篮球队。浩子的梦想就这样突然实现了。

在那之后，浩子接受了更加专业的指导，也进行更加辛苦的训练，成长了很多。渐渐地，浩子被一些篮球爱好者注意到了，他越来越被大家所熟知。

有人曾问他："你每天都要接受这么大强度的训练，会不会觉得太辛苦了？"

浩子微笑着回答："辛苦那是肯定的，但是做什么事情不辛苦呢？如果这件让你付出汗水的事情恰好是你的爱好甚至是梦想，那么即使再辛苦，你也乐在其中。对我来说，打篮球就是这样的事情，这个梦想将我的生活都照亮了。"

虽然不知道浩子未来能走到哪里，但是我相信只要他不放弃梦想，他一定能够守到梦想之花盛开。

很多人认为梦想是一种奢侈的东西，它可望而不可即，反复磋磨着我们那颗进取之心。于是，有人放弃了梦想，将其扔到了连自己都找不到的角落，但那个小小的角落却总是隐隐作痛，给人生留下了难以弥补的遗憾。其实，每个人都可以主宰自己的生活，既然渴望梦想，又为什么要轻言放弃？梦想开花前，没有人知道它的结果，也许再坚持一下，你就会收获你最盼望的那个果实。

仰望星空，更要脚踏实地

梦想犹如一粒小小的种子，在我们的心田里生根、发芽，长出小小的花苞，带着嫩叶和露珠悄悄等待着绽放。而空想却犹如狂风骤雨，将枝叶打散，将花苞打落。在通往梦想的道路上，我们一定要抛却空想、脚踏实地，这样才有实现梦想的可能。

李彬毕业于一所专科院校，杨烁毕业于一流大学，他们先后到某公司参加了面试。李彬知道自己是专科毕业的，又是新人，那些好的岗位通常轮不到自己，所以他应聘的岗位是普通职员。他谦逊向学的态度给面试官留下了很好的印象，于是顺利通过了面试。杨烁对自己的毕业院校非常自豪，而且非常自信，觉得自己一定能得到重用，便应聘了总经理助理这个岗位，他名校毕业的背景和自信的姿态也确实让面试官对他另眼相看，他也顺利通过了面试。

来到公司之后，经理将两人都安排到了普通职员的岗位上。杨烁觉得这跟他应聘的岗位不一致，他做普通职员太大材小用了，因此他满肚子牢骚和不满，经常消极怠工。他跟李彬抱怨道："我本来应聘的是总经理助理，打算五年之后要升任经理甚至总经理的，可谁知道现在却在这儿打杂，真是让人受不了。"

而李彬却觉得自己现在的工作状态已经很好了。自己学历不高，想要一步登天是不可能的，只有脚踏实地地工作才可能在职场上得到更好的发展。因此，他对待分配到自己手中的任务总是格外细心、严谨，并且都处理得井井有条，这份踏实、认真的态度让他积累了许多宝贵的经验。

几个月后，杨烁终于转入了自己的理想岗位——总经理助理，原来，经理让杨烁先做一段时间的普通职员是让他历练一下，了解一下公司的运转。杨烁非常高兴，他觉得自己总算守得云开见月明了。但是之后的事情却没有他想象中的那样美好，反而让他急得直冒汗：总经理让他对某产品最近的销售状况进行整理，并做成表格的样式拿给他。

由于之前没有认真工作，他对各项流程都算不上熟悉，这下子就抓了瞎。临下班的时候总经理来询问杨烁进度，可杨烁却支支吾吾，连一半都还没做完。总经理非常生气，转头便将工作交给了别人去做，而这个人正是李彬。早已熟悉这类工作的李彬没过多久便把整理好的表格拿给了总经理。总经理对此十分满意。

过了一段时间，李彬正式升任总经理助理，而杨烁却被公司开除了。在那之后，杨烁又做了许多份工作，可是他对这些工作都不是很满意，觉得领导不懂得欣赏他，他一直怀才不遇。

五年之后，李彬由于踏实肯干、能力出众，早已经升职到了管理层，而杨烁则因为不断换工作，至今还在公司底层徘徊。

所有的梦想都是绚丽多彩的，但它美丽的外表并不能帮助你实现它，唯有强韧、结实的内在才是实现梦想的助力。

仰望星空让你明确梦想，而脚踏实地才能让你有实现梦想的可能。

文岳和雯雯是让很多人都羡慕的一对小夫妻，已经结婚五年的他们感情还像谈恋爱时一样好，事业也很成功，一起经营着一家公司。

每当别人对他们说出羡慕的话语时，文岳和雯雯都只是笑笑，只有他们自己才知道在这背后，他们付出了多少努力，克服了多少难题。

文岳和雯雯是大学同学，后来又考上了同一所学校的研究生，跟着同一位导师学习。因为能力出众，研究生还没毕业的时候，他们就收到了许多公司的橄榄枝，福利待遇都很好。但他们考虑过后选择毕业后一起去创业。

还在读研究生时，文岳的某项研究取得了突破，并申请了专利。这项研究很有商业价值，文岳便想将它投向市场。于是，他积极联系了诸多厂商，希望能达成合作，可是由于各种各样的原因最终都没能达成合作。最终，文岳和雯雯决定将它留给自己的公司来研发。可他们在第一步——注册公司时就遇到了困难：由于不清楚流程再加上资料总是不充足，他们来来回回跑了很多趟，用了足足两个月，又请教了熟悉流程的人，这才将公司注册好。公司各项事宜准备完毕，产品正式投产了，两人都非常高兴，觉得成功指日可待。但他们没想到，产品生产出来后他们要面临的才是最大的挑战——公司规模小而且没有知名度，产品几乎没有销路。

为了更好地推广自家产品，文岳和雯雯到处拜访客户。在这个过程中难免会吃闭门羹，也难免遭人白眼。一向养尊处优的雯雯因此瘦了十几斤，还被晒黑了很多。他们也多次想过放弃，但似乎触手可及的梦想支撑着他们坚持了下来。

功夫不负有心人，文岳和雯雯的公司慢慢有了起色，主动前来询问的客户也越来越多。文岳和雯雯抓住机会开发了许多新客户，开辟了一些新的销售渠道，公司做得越来越好。现在，他们的公司早已发展起来，年销售额也非常大。

人生不可能一帆风顺，我们会遇到各种各样的困难，通往梦想的道路上更是危机重重，一不小心便可能掉下深渊。我们要脚踏实地，走稳每一步，这样才能一步步接近自己的梦想。

这世上的绝大部分事情都不是一蹴而就的，实现梦想也同样需要很长一段时间，只要你坚持走好每一步，终能迎来梦想花开的那一天。

Part 4

人生就是

一个接一个的选择

无论何时，你都有选择的余地

阿敏与阿颖是从小玩到大的好友，同年出生，同年上学，自然也是同年参加高考。都说高考是一道分水岭，成功者和失意者可能会走上截然不同的人生，但阿敏和阿颖人生的分歧却是从高考后开始的。

阿敏现在就读于 K 大学，这所大学不好不坏，虽然够不上一流，但也算是受到了社会的广泛认可。阿敏的成绩一直飘忽不定，这次能被第一志愿的 K 大学录取，她觉得很庆幸，因为她的高考成绩刚刚过 K 大学的分数线。

恰巧，阿颖也考上了 K 大学。但与阿敏不同，阿颖的心情却很烦躁。阿颖平时成绩一直名列前茅，但高考时发挥有些失常，没有被第一志愿录取，而 K 大学是她的第二志愿。要是她的成绩能再提高几分，她就有机会上理想中的大学了，所以她一直为此感到懊悔。

在阿敏的愉悦和阿颖的懊恼中，学校开学了。

阿敏为自己是 K 大学的学生而骄傲不已，但她也清楚自己不够出色，所以她选择努力完善自己。为了提高自己的成绩、充实自己，她经常泡在图书馆或自习室里，为了锻炼自己的组织能力和人际交往能力，她加入了学生会。想到学校的很多同学都强于自己时，她虽然有些挫败感，但更多的是感到充满了向上的动力。因为每当跟别人提到自己是 K 大学的学生时，别人都会将自己当作 K 大学这个团体的一部分来评价，哪怕自己远没有达到平均水平。因此，她更加努力，想要匹配上别人的评价。

而阿颖却与阿敏完全不同。阿颖一直沉浸在懊恼中，总是想着自己当时如果能再考好一些就好了，就这么一点点的差距就让自己错失一流大学，真是太冤了。她越来越觉得学校的生活十分无趣，就连同学们过的生活在她眼中似乎都不够高级。大学的生活丰富多彩，很多同学加入了各种各样的社团，开始了缤纷多彩的大学生活，而阿颖却像一个局外人，总觉得自己的生活暗淡无光，无法融进大学生活里去。

一个学期过后，阿敏的生活状态越来越好，而阿颖的大一上半学期却在浑浑噩噩中悄然过去。

其实，阿敏和阿颖当时都站在同一条起跑线上，而且阿颖原本比阿敏更有优势，可心态的不同让她们有了不同的举动，也就有了不同的结果。阿颖以为错过了一流的学校，自己的未来就是一片黑暗，只能随波逐流，可她却没有意识到她其实仍有选择的余地。

在各种比赛中，第一、第二、第三名都能够站上领奖台，享受鲜花与掌声，其中最得意的当属第一名。而第二名和第三名谁更开心呢？很多人都会认为第二名会比第三名更加开心，因为第二名的成绩更好。可是事实往往与我们想象的不同。由于只差一步便能摘得桂冠，第二名往往会无比遗憾，倘若与第一名间的差距很小就更是如此。他们只能看到挂在第一名脖子上的金牌，却不会低头看看自己的银牌。而第三名的想法则是，“好险，差一点儿就登不上领奖台了，虽然只是第三名，但是这比没获奖强多了”，所以与第二名相比，第三名更可能感到开心与满足。

由于心里的不甘，第二名可能会极力自我反省，“要是我更努力练习也许我就不会与冠军擦肩而过了”。但是他们也可能将失败的原因推卸给外部环境。“如果我家里也这么有钱，我肯定也能请到更好的老师，肯定也会学得更好，这次比赛肯定也就能得冠军了……”这时，这股失望就有可能转化为对他人的迁怒，甚至有可能演变为对他人的攻击。

但是，在我们的生命中，并不是所有事情都能听凭自己的选择。我们无法选择自己的出身，也无法选择何时出生、何时死亡……这些先天性的东西不会提前征求我们的意见，只会强硬地施加在我们身上。

可这就意味着我们只能听天由命了吗？当然不是。虽然我们无力改变这些事情，但我们仍有选择的余地，我们可以选择以怎样的心态来面对这些事物，也可以选择以怎样的态度来走接下来的路。你的生活属于你自己，你的未来取决于你当下的选择。要记得，无论何时，你都有选择的余地。

能做选择，就不会迷茫

如果有人问我最喜欢哪部电影，我会毫无疑问地告诉对方是《阿甘正传》。我最喜欢电影里面阿甘母亲对阿甘说的一句话："生活就像一盒巧克力，你永远不知道你会得到什么。"

我们的一生会面临很多选择，有的人清楚地知道自己想要什么，能够果断地做出选择，而有的人却压根不知道自己想要什么，更无法做出选择。

"我到底想要什么呢？"相信很多人都这样问过自己，其实这并不是一道难以回答的问题。

在生活中，我们时常会面临这样的选择：到了吃饭的时间却拿不定主意要吃什么；想要旅游却不知道去哪儿；买个手机却不知道选择哪个牌子。我们往往会用“不知道”“随便”“都可以”来回答，是真的敷衍了事吗？不，是我们真的一时间都不知道自己想要什么。

但是假如摆在我们面前的是明确的选择，午饭是吃火锅还是烤肉，旅游是去大理还是西安，手机买苹果还是华为，那么相信我们会很轻易地做出选择。

有一句话说得好：“当我们真正做出选择的时候，才是我们知道自己想要什么的时候。”

我的好朋友小美，在教育机构工作，但她并不是教学生上课，而是负责推销课程。当初小美其实应聘的是教学岗位，但那时老师人数已经够了，倒是销售人员奇缺，为了能有一份工作，小美选择了妥协。小美是一个有能力的人，能说会道，业绩一直遥遥领先。最近，机构的领导找她谈话，想要让她成为推销业务的主要负责人。

小美刚来到这个机构时，机构还处于无人问津的状态，是小美凭借自己的一腔热血把这个默默无闻、购买课程的人数只有两位数的公司，做到了教育机构内人尽皆知的。

在教育机构多如牛毛的时代，稳定的顾客能有二百个的就是顶尖的了，而小美所在的机构却能轻松达到好几倍的数量，而且顾客的反响也很不错。

这有一半的功劳是小美的，所以领导才有意提升她为推销业务的负责人。

这是一个升职加薪的好机会，身边的人都格外羡慕小美。但小美却没有立刻答应，她认真想了想自己究竟想要什么。她要根据自己内心的想法做出选择。

当然，小美有选择的权利完全是因为她有这个能力。当你足够优秀的时候，才有选择的资格；当你真正面临选择的时候，对自己想要什么也就有了答案。

小美想了想还是决定拒绝领导的提议，她清楚地知道自己的目标并不是推销，而是学习知识，成为一名合格的教师。

小美找到领导，告诉他，她不想再继续推销课程，而是想成为课程的使用者。

她不想停留在销售这个行业，而是想一步步实现自己儿时的梦想——成为教书育人的教师。身边的同事对于她的选择都很讶异，也很钦佩她有这样的勇气。

同为销售业的学妹曾经问小美，她保持这么高的业绩的诀窍是什么。

小美告诉她："推销课程，最主要的就是靠口才，说话的技巧、说的内容至关重要。我会认真地列一张表格，把需要用到的知识都总结出来。

"比如，这个顾客的具体情况、学习能力以及家庭情况等，并根据他的情况为他制订一套合理的课程选择方案。大家往往只是负责告诉他有哪些课程，而我会仔细去看课程的具体内容……

"这样，我的业绩自然就会好起来。而正因为有这些优秀的业绩，我才得到被提拔的机会，我才有了更多的选择。你也是一样，当你有了这个能力之后，你就能够理直气壮地说出你的选择，因为你已经成了公司的领先者。"

就像小美说的那样，有足够的能力才会有选择的机会，能做选择，就不会感到迷茫。

很多人喜欢抱怨生活不顺、工作迷茫，不知道自己真正想要什么。

可你是否想过，迷茫的根本是因为自己连选择权都没有呢？眼前的只有苟且，你又怎么会有诗和远方？

有选择的机会才会过上更好的生活，而当我们足够优秀时，有了选择权就不会迷茫。这个世界不会亏待任何努力的人，只要你不曾投降、不曾绝望，你就会发现不一样的世界。

人生就像一盒巧克力，当你做出了选择，你就会知道你会得到什么。

人生，可以有更多选择

紫晴从小就特别喜欢小动物，很多年的生日愿望都是希望拥有一只属于自己的宠物。可是紫晴的妈妈对动物的毛发过敏，所以她的这个愿望一直无法实现。

每次见到可爱的小猫、小狗时，紫晴都兴奋极了，但她却不敢抱它们，因为怕沾到它们的毛发，让妈妈过敏。

人总是对得不到的东西分外执着，紫晴也是这样。想要宠物这个念头在她心里扎下了根。后来，紫晴不知道在哪里知道了有兽医这个职业，兽医每天都能与动物打交道，在紫晴看来，这简直就是天堂。于是，她的心愿改变了，她立志要成为一名兽医。

高考后，紫晴真的如愿被兽医专业录取，这让她高兴坏了，她对未来的大学生活充满了憧憬和幻想。

迈入大学校园后，一切都像紫晴想象的那样美好。和蔼的老师、友善的同学、脾气相投的室友、喜爱的专业，紫晴对这种生活满足极了。

然而生活总是出其不意地给她沉重的打击，因为那件事，紫晴想成为兽医的心愿可能只有埋在心底了。

在一次的专业课上，同学们需要真实地接触小动物。那天，紫晴跟大家一样兴冲冲地去上课了。虽然在紫晴看来用可爱的小兔子做实验很残忍，她有些下不去手，可为了将来能帮到更多的小动物，她还是很好地完成了实验。

问题是在专业课结束后才出现的。下课后，紫晴和同学们一起仔细洗了手，然后一起到食堂吃饭去了。可还没吃两口，紫晴觉得自己的脸上、身上都很痒，还一直打喷嚏，同学们还发现紫晴的脸上起了一些小红疙瘩。她们赶紧跟紫晴一起去了医院，医生检查后发现，她是对动物的毛发过敏了。

这对紫晴来说无异于晴天霹雳，但她认为自己不能就这样认输。她积极接受治疗，想要解决这个问题，可医生告诉她这种过敏情况可以减缓，但并不能根治，劝她以后要尽量避免接触小动物。

紫晴失望极了，她请了长假回到家中，一个人躲在卧室里发呆，也不怎么吃饭。

看到这样的紫晴，妈妈又着急又心疼，她想了又想，决定跟紫晴好好聊一聊。

那天，妈妈从网上精心找出了世界各地许多美丽的风景图，带着它们来到了紫晴身边。她将这些美丽的风景一一展现给紫晴看。

紫晴的眼中满是疑惑，她不知道妈妈为什么要给自己看这些图片。在紫晴看完所有的图片后，妈妈用她那温柔的手抚摩着女儿的头发，温柔地说道："都说'条条大路通罗马'，似乎你的目的地只有'罗马'，可是你看，这个世界上有这么多美丽的地方，不是只有抵达'罗马'才能实现你的价值。只要你愿意，你肯定能够抵达跟'罗马'一样美丽，甚至比

‘罗马’美丽得多的地方。人生，其实并不是只有一种选择。”

听着妈妈温暖的话语，紫晴的眼泪不知不觉就流了出来。

这些眼泪，洗刷了她心底的阴霾，同样也冲走了她以前所有的憧憬，不管是因为什么，错过了就是错过了，如果继续勉强自己也只是自欺欺人。而走错了方向，最好的解决之道就是果断地放弃，然后重新选择一条道路。

回到学校后，紫晴申请部分课程免修并转专业，学校考虑过她的实际情况后同意了她的申请，但前提是她的其他课程也要达到优秀。大一结束后，紫晴成功地转到了另一个专业。

四年的大学时光匆匆而逝，转眼间紫晴就要毕业了。在她奔波在各种招聘会与面试时，她看到了一家著名的公司在招聘动物玩偶的设计师。这家公司今后的方向是设计出一些足够逼真的玩偶，甚至之后还会和一些科技公司合作，打造出能够灵活行走的玩偶。

紫晴想到了自己曾经的愿望，想到了自己之前积累的那些知识，她决定去这家公司试一试。

后来，紫晴顺利进入了这家公司，并开始了新的征程。

紫晴无法想象，如果当初自己固执地走向那条死路，现在自己会在哪里。可能因为无法抵达幻想中的“罗马”而忽略掉其他美景，可能一直碌碌无为，也可能早已死在通向“罗马”的大路上。世界上不是只有“罗马”这一个终点，人生可以有更多选择。

前不久我去印度找我的一个朋友，那天飞机落地的时候正是吃饭的时间，我不想麻烦我的朋友，而在不熟悉的地方乘坐地铁之类的公共交通又很容易走冤枉路，所以我决定去打出租车。可是来到出租车站点后，我却发现很少有出租车来接客。我问了问旁边的人才知道，原来当地的出租车司机正组织罢工，很难打到车。我等待了半小时左右，还是没能打到车，我终于忍受不了了，打算给我的朋友打电话，让她来接我。正在这时，我听到旁边传来一个低沉的声音：“女士，您要打车吗？”一个四十多岁的男子面带微笑地走向了我。“现在司机都在罢工，您在这里恐怕打不到别的出租车了，而我的车就在离这里不远的地方停着。”他满面笑容地递过来一张名片，名片上用英文详细地写了他的名字、联系方式以及所属出租车公司等信息。

看他主动搭讪，我内心充满戒备。我曾听过一些司机会利用外地人不熟悉道路而故意绕路来宰客的传闻，我也曾听过一些司机会用甜言蜜语来哄骗乘客，然后狠宰一笔的传言。因此，现在我有两种选择：打电话让朋友来接我或是信任他。他的谈吐和举止让我对他有不错的印象，于是，我选择信任他。因此，我就有了接下来这一段有趣的谈话。

“你的英语发音很标准啊，都没有什么口音，你是在哪里学的？”我好奇他是怎么将英语说得这么好的，毕竟大家都知道，印度的官方语言虽然是英语，但是他们的印度式英语真的有很重的口音。

“我是在监狱里学习的。”我完全没想过会是这种回答，一时间不知道怎么接话，气氛瞬间尴尬了起来。

似乎是看出了我的不自在，对方笑了笑又说道：“当时我被指控入室抢劫，在监狱里待了四年。当时我还很年轻，觉得自己的未来还有救，所以一直在学习。”

听说他进过监狱，我的心瞬间提了起来，但稍微冷静一下后想到现在天还没有黑，路上有车，他现在似乎也没有流露出恶意，我的心又放下了。于是我又跟他继续聊了下去："那之后呢？"

他笑着说："我一直保持乐观的心态，在狱中学习了各种各样的东西。"

"那你当时为什么要去抢劫？"我又问道。

"那不是我干的，我是被冤枉的。"他心平气和地告诉我。

"什么！"我简直目瞪口呆。

沉默了一段时间后，他对我说："母亲曾告诉我，我们每天早上起床后都会面临着无数选择，这些选择会决定那一天是好还是坏。当发生坏事时，我们可以选择就此沉寂下去，也可以选择从中学习一些东西，而我选择了后者。"

"道理确实是这样，可是想毫无芥蒂地接受却不是一件简单的事。就拿你被冤枉入狱这件事来说吧，这让人怎么甘心……"我有些愤愤不平地说。

他说："生活不是一直都能顺风顺水的，有许多事情会出其不意地落到你的身上，它们是一道道的选择题，你可以选择怎样应对，也可以选择保持怎样的情绪。而你的选择决定了事情的发展方向以及你今后的生活方式。现在我早已离开了监狱，组建了温馨的家庭，过着属于自己的幸福生活。”

细细想来，我忽然发现，人生其实就是一个接一个的选择，我们的人生没有绝对正确的方向，只要无愧于心，你的选择就是最好的答案。

你有你的选择，何必羡慕别人的精彩

我们时常羡慕他人的精彩：别人学习比自己强，能力比自己强，就连结婚对象也比自己的对象更好。

还未上学时，我们羡慕别人有比自己更多的玩具和零食，羡慕别人时刻有父母陪在身边。到了上小学的时候，又会羡慕别人学习成绩比自己好，担心父母看到自己的成绩单。随着年龄的增长，我们羡慕别人的事情越来越多。羡慕别的同学考上了重点大学，而自己只考上了一个说不出口的三流大专；羡慕室友家境富裕，花钱如流水；羡慕别人家里有关系，一出校门就进了大企业。

工作后，亲戚朋友轮番问你：工作怎么样？什么时候买房？有没有对象？打算什么时候结婚？婚礼打算在哪里举行？

面对这么多令人头疼的问题，看到身边的人穿着名牌，一脸骄傲地说着自己的年薪，我们更加羡慕别人的精彩生活了，幻想自己也拥有那样的生活。

可别人的精彩终究是别人的，即使再羡慕也成不了自己的。他们有他们的精彩或奇遇，我们也有我们的平淡生活，虽有过艰辛、泪水，但这就是我们所要经历的。平淡之中也有精彩，关键看我们选择怎样的状态。

工作的这几年，身边的人也总会问我过得怎么样。每次我都会回答，我享受着我自己选择的生活。我身边有很多同事，羡慕别人在大城市有大房子，便不管自己的经济状况是否允许，纷纷成了房奴。

为了买房子东拼西凑几十万付了首付，每个月要省吃俭用，因为月供近一万，而且这样节衣缩食的还贷生活要过几十年。这样的生活真的是精彩的生活吗？

说真的，我们没必要一味羡慕别人在一线城市买了大房子，在自己能力范围内，在二线、三线城市或是在老家买房，也一样能收获幸福，即便没有买房，选择租房住，只要过得自在，又有什么不可以呢？

我有一个同事晓梅，是江苏人，因为平时我们的交流比较多，所以有什么事情她总喜欢和我商量。

晓梅有一个同居的男朋友，两人是在大学时期认识的，走到现在已经有七年了，两人的感情很好，身边的人都羡慕她。但最近她来找我聊天，说他向她求婚，而她却犹豫了。

我感到很吃惊，愣了愣对晓梅说："为什么犹豫呢，你们感情不是很好吗？"

晓梅向我诉说了她犹豫的原因，原来是因为她的家人嫌弃他没钱没房，给她介绍了一个有车有房的男人。

晓梅的男朋友来自四川的一个小地方，凭借自己的努力考上了一所重点大学，遇到晓梅后开始了恋爱，现在也有一份不错的工作，完全是一个潜力股。

但晓梅的母亲身边有一群闺密，整天对比嫁女儿这件事，母亲被洗脑，觉得嫁人就要嫁给有条件的，所以晓梅母亲提出条件：一套房子、三十万礼金、举行盛大婚礼、蜜月要出国……

我听到晓梅的话后觉得非常不可思议，虽说婚姻离不开物质，但怎么能完全拿金钱衡量呢？这跟卖女儿有什么区别？我劝晓梅千万不要被母亲左右，失了自己的主意。

晓梅却说她也犹豫，因为她身边的姐妹嫁的男人都比较有钱，过的都是非常优裕的生活。而如果他们没有房子，结婚后还得精打细算，那她在她们面前会抬不起头来的。

我劝她说："别人有别人的奢侈，但你也有属于你的甜蜜啊，你和男朋友相识在大学，两人一起风风雨雨这么多年，而且你男朋友从一个小山区一步步走到大城市、走到今天，付出了多少努力，你也要看到他的优势啊。他又专情又上进，我相信用不了多久，他会给你你想要的一切。到时候你们就可以从柴米油盐到浪漫满屋，这也是别人羡慕不来的啊！"

晓梅听完我的话后，觉得我说得很有道理，之后我再也没有听她说过此类事情了。

之后的某一天，晓梅告诉我她要结婚了。我问她是怎么攻克母亲那一关的。

晓梅告诉我说，她带着男朋友回家和家人仔细商谈了这件事。她把自己的想法如实地告诉了母亲，母亲也被她的话感动了。后来晓梅结婚时，她在婚礼上说，她这辈子最值得骄傲的事情就是选择了对方。

没有人的人生是完美的，如果硬要拿自己生活中的不足去和别人的优势对比，那日子就没法过了。我相信我们的生活都是我们精心选择的结果，有别人不曾看到的快乐与精彩。如果把所有时间都用在羡慕上，我们只会永远羡慕、永远痛苦。

如果你羡慕着别人的精彩生活，如果你陷于比较当中，我想告诉你：生活精不精彩，还是在于自己。不管选择浪迹天涯还是朝九晚五，不管选择奢侈名牌还是柴米油盐，真正的精不精彩，还是在于自己内心的感悟。愿我们在平淡的选择中仍能绽放自我。

你的选择决定你的未来

小王和小刘同时进入一家图书编辑公司，干相同的工作，但他们对待工作的态度却完全不同。

工作上遇到问题时，小王不会花时间去研究，也不愿意请教领导。处理稿子时，当遇到需要去查证知识的时候，小王嫌麻烦，总会当作没看见。他秉着多一事不如少一事、早做完早下班的态度，对工作一贯敷衍了事。如果领导发现了问题，要求小王去处理的时候，小王总是不情不愿的。他想：为什么让我去处理？浪费我的时间又不会多给我钱。为什么不交给那些工资高的人去做呢？为什么这种事情总会轮到我？

而小刘的工作态度与小王有天壤之别，遇到不懂的地方就及时请教。他每天很早便来到公司，安排一天的任务，有计划地执行。他总是将工作过程中遇到的问题和学到的知识及时整理下来，不断解决问题，不断学习进步。他从不怕麻烦，遇到棘手的问题也会主动去做，晚上加班也是常有的事情。

时间长了差别也就出现了，小王被领导一步步推着走，需要解决的问题一个接一个，往往这个还没有解决，下一个就又出现了。领导对他越来越不满，还多次隐晦地批评他。但小王并不在乎，他想：反正自己已经签了合同，公司不能随便开除我。就这样，他过一天混一天。

而小刘的工作越做越顺手，他深受领导的赏识，工资一涨再涨，短短一年就成了小王的上司。

同样是工作，小王选择了碌碌无为，选择了消极对待，而小刘认真对待工作中的每一个问题，不断地积累知识和经验，自然形成了两种完全不同的结果。

漫漫人生中，我们面临着无数的选择，每一次的选择都会改变我们的人生，我们可以选择浑浑噩噩，也可以选择做逐梦者，可以选择敷衍了事，也可以选择考虑周详。

公司本是认真工作的地方，可有的人会不顾公司的规章制度，在上班时间打私人电话，和旁边的同事大声地嬉闹聊天，甚至在周一刚刚上班时就在聊周末出行游玩的计划。当有人指责他时，他就会强词夺理：“你又不是老板，你管得着我吗?”有的人和公司同事关系处理不当，就会在公司排挤对方，不分青红皂白地向领导说对方的坏话，甚至不顾大局地在公司辱骂对方、大打出手。

这样的人觉得在公司度日如年，每天想的都是中午吃什么饭、晚上看什么节目、周末去哪里游玩。工作的时候马马虎虎、敷衍了事，一整天不是在同周围的人聊八卦，就是在迷迷糊糊的状态下度过。每次到了下班的时间他们总是第一个冲出办公室，一心想着离开公司去外面吃喝玩乐。每次到了月末的时候，手里的工资都会被花得所剩无几，再也没办法出去逍遥快活，只好窝在自己租来的房子里，整夜地玩游戏。每到周日晚上的时候都会大呼自由的时间总是那么短暂，早上一遍一遍催自己起床，每天、每周、每月、每年这样循环往复。

这样的人选择虚度自己的光阴，是没有未来的。

赵文卓是我大学时期的班长，前几天他告诉我他升职了。

赵文卓是一个做事认真、踏实的人，还在上学时期就深受各科老师的喜欢。他做事有条不紊，每年都获得学校的奖学金，把班级管理得井然有序。

毕业后，他考上了当地的公务员，成了公职人员。一般来说，大家都觉得公务员的工作是铁饭碗，但赵文卓却不这样想。他认为任何工作都是需要认真对待的，做得不好照样会失去这份工作。

在工作中他诚诚恳恳，遇到问题时主动请教身边的人，喜欢帮助他人，认真对待每一天。不只工作上，即便在平时，他也会拿出十二分的精神。每天早上都会在楼下跑步，即便是寒冬的清晨也不例外。跑完步，回到家里洗澡，将自己收拾得干净利索再去上班。

中午和同事吃饭的时候，他从来不会议论他人的是非。有时候听到他人的八卦消息时也只是笑笑而已，不会去刨根问底。因为他深知“少议论，多做事”的道理，知道的事情多了，就难免惹麻烦上身。中午吃完饭后，他总会去户外走一走，去呼吸一下新鲜的空气，放松自己的心情，以良好的状态迎接下午的工作。

在下午长时间的工作后，终于下班了，不同于同事坐地铁回家，赵文卓选择健康的回家方式——骑自行车，迎着傍晚的微风，踏着脚蹬子，整个人都放松了下来。吃完晚餐，他会陪着家人在楼下的公园散散步，聊聊这一天发生的事情，睡前看一会儿书，有时会为自己准备一杯冰镇啤酒，有时候也会听听轻缓的音乐，看一个喜欢的节目。周末的时候会陪着自己的女朋友去外面散散心，有时候会去图书馆看书。

就这样，赵文卓的生活越来越健康，工作越来越优秀，单位的领导对他格外关注。

赵文卓选择了认真对待自己的工作、对待自己的生活，因此他才会在工作上如鱼得水。

二十岁的时候，所有事情都还不确定，我们需要面临的选择特别多，诸如，毕业后直接就业还是考研，抑或是出国留学，如果决定就业，那该选择什么样的工作，是留在大城市还是小城镇等。错误的选择会让自己在将来后悔不已，但人生只有一次，时间无法倒流，没有重新来过的机会。

人生是海洋，选择是舵手的罗盘，选择对了生活方式，就不会在暴风雨中迷失方向。成功的人大多有一个共同点，那便是努力寻找机会，勇敢地选择远方。高尚的追求，会让生命变得更加美丽，精神变得更加富有；庸俗的追求，只会让人碌碌无为、蹉跎一生。

Part 5

黎明前的黑暗

终会成为过往

所有的不美好，都将是过往

他的一生从来没有这样艰难过。

他和他的小学同学一起合作成立了一家公司，公司已上市，一切都按着既定的轨道运转。他和同学的妹妹相识相爱，并步入了婚姻的殿堂。但这看似美满的背后却早已生出恶瘤，布满荆棘。

因为他忙于工作，在家的时间很有限，他的妻子和隔壁的邻居渐生情愫，还闹得尽人皆知。他的脸面丢尽了，而这时妻子又坦言自己有了对方的孩子，想要离开他去追求自己的幸福。

厄运就像缠上了他一般，离婚的官司还没有结束，公司的资金运转又出现了问题，他的合伙人因为妹妹的事情和他反目成仇，在公司的资金方面坑了他，导致公司债务连连，最后不得不将公司卖掉才勉强还清了债务。

他的父亲是一位固执守旧的人民教师，因为这件事被气得生了一场大病，身体再也不复当初的硬朗，只好提前退休在家休养。

母亲为他和父亲的事操碎了心，原本正是在家颐养天年的时候却要不停地奔波，照顾父亲和他。

本以为这就是最糟糕的情况，却没想到母亲在去医院为父亲拿药的途中出了车祸，母亲当场身亡，而司机早已不见踪影。父亲得知消息后病情更加严重，一时陷入了昏迷。在医院，他望着昏迷的父亲，想到母亲的葬礼还没有举行，他只觉得铺天盖地的痛苦和绝望向他袭来。只是一年的时间，自己的生活就发生了翻天覆地的变化。他本来有自己的公司，手下管理着数百人，他还有一位漂亮的妻子，他本以为自己是一个幸福的人。而父母也还身体康健，他还想着下一次休息的时间带着一家人外出旅游。

谁知道，这所有的一切都成了过往，眼前只有昏迷的父亲、亡故的母亲、妻子的离婚官司。

在那一刻，他甚至想到了自杀，但他知道自己不能就这么不负责任地撒手不管，父亲还需要他照顾。他知道父亲希望醒时看到的是努力生活的自己，而不是一个颓废消极的行尸走肉。他将父亲安顿好，请了护工照顾父亲。对于离婚，他坦然接受，并撤掉了对妻子的起诉。他将房产证抵押在银行，贷了一笔款，打算重新开始。

起初日子过得很艰难，他能依靠的只有自己。在这期间，他遭受过无数次失败与挫折，但他都坚持了下来。他从来不信命，他相信路是自己奋斗出来的，每当他坚持不住的时候，他就会去医院和父亲说说话，尽管父亲一次也没有回应过他。

后来，他的公司渐渐步入正轨，他将父亲接回了家亲自照顾。医院的护工是一位心地善良的女子，被他的孝心和努力所感动。他和她成立了家庭，过着充实而甜蜜的生活。

当他得知妻子怀孕，自己要当父亲的那天，他的父亲也从昏迷中醒了过来。父亲一昏迷就是五年，当他知道这个消息时，眼泪一直往下掉，止也止不住。他像一个孩子一样，抱着父亲号啕大哭。

自从离婚、事业失败、母亲去世后，他还没有这样大哭过，并不是过程不艰难，而是咬紧牙关拼命撑过来了。得知父亲醒过来的消息，他想到自己以往的经历，想到自己无数个夜晚失眠的情景，他的眼泪再也止不住了。

虽然前路依然未知，公司有被竞争对手挤垮的可能；父亲虽然醒来但身体依旧不是很好；妻子怀孕，自己能够陪伴家人的时间越来越少。但是最艰难的时刻都挺了过来，他相信哪怕前路荆棘满布，他也会为了家人勇往直前。

瑶瑶的父亲和母亲在她很小的时候便离婚了，她跟着父亲一起生活，没过多长时间父亲便给她找了一个后妈。后妈生了一个儿子后，本就不宽裕的家庭变得更加拮据，瑶瑶的处境也变得更加艰难。瑶瑶在家从来不敢要求买新衣服，或是多吃一碗饭，她怕父亲觉得她是个累赘，不要她。

在家里，父亲忙着生计根本没有时间关心她的生活，后妈只有父亲在的时候才会给她好脸色，一旦父亲不在家时，后妈便支使她干各种活儿，不给她饭吃，还经常动手打她。

她在学校的处境也并不比在家里好多少。由于家境贫寒，骨瘦如柴的她每天穿着破旧的衣服，头发也总是乱蓬蓬的，在一群学生中显得格格不入。班里经常有同学拿她取乐，想方设法为难她。

瑶瑶每大都过着心惊胆战的生活，在家里担心后妈打她，在学校担心同学欺负她。她甚至想过逃跑，离开这里，但自己小小年纪出去了又能做什么？幸好班里的老师还是关心她的，经常帮助她，她知道自己必须拼命念书，只有学习才是自己唯一的出路。

初中毕业后瑶瑶考进了市里的重点高中，她想上学，但父亲告诉她家里不会再出钱供她上学了，因为家里的钱还要攒着给后妈的儿子娶媳妇。

瑶瑶不甘心就这样放弃，她甚至跪下求父亲让她继续上学，但父亲还是听从了后妈的话，让她辍了学。

没有办法，瑶瑶因此放弃了上高中。她每天跟着父亲下地干农活儿，日子过得非常简单。她以为自己会像父亲说的那样，过几年嫁个人，然后继续老老实实一辈子扎根在闭塞的村子里。

没想到没过多久父亲却病倒了。经过检查，父亲得了肝癌，需要一大笔手术费。但家里实在是拿不出来，只好保守治疗，没过两年，父亲便去世了。

父亲去世后，瑶瑶再也没有什么顾虑，她什么都没要，只身一人离开了这个生活了十八年的地方。为了在大城市活下去，瑶瑶几乎什么脏活儿、累活儿都做过，发传单、去超市做促销、饭馆洗盘子，甚至去过旅店打扫卫生。她不怕吃苦，再艰辛的生活她都咬牙坚持了下来。她已经离开了那个父亲不疼、后妈打骂的家庭了，她相信未来的日子掌握在自己手中，只要努力，一切不美好都会过去。

就这样，一年、两年、五年……她从小饭馆的服务员一步步做到了大型连锁酒店的领班，她手里渐渐有了积蓄。

现在，她为自己树立了一个更大的目标，她想要拥有一家属于自己的酒店。看着自己的生活越来越好，她有时也会想起以前的心酸过往，她感叹自己的努力没有白费，坚信未来会更美好。

没有谁的一生是一帆风顺的，总会或早或晚地遇到艰难的时刻，或许是爱人的背叛，或许是亲人的离开，或许是事业上的瓶颈。这个时候，有人会一蹶不振，有人会重新收拾心情。风浪过后终会是风平浪静，风雨过后终会是晴天。

只要咬牙坚持，熬过糟糕的时候，未来的生活会超乎我们的想象。当我们看到黎明的那一刻，就会发现原来一切的黑暗都是为了黎明的到来做的准备。

你所受的苦，终将照亮你未来的路

地球有黎明和黑夜，天气时而晴空万里时而狂风暴雨，就像我们的人生有低谷也有高峰。眼中只能看到黑夜与狂风暴雨的人是失败者，只能看到黎明与晴空万里的人也不可能一直成功。我们的一生，必然会受到风雨的洗礼，只有经过风雨洗礼，我们的生命才会变得更加美好，我们才有机会去展示自己坚强的意志和顽强的生命力，我们才会懂得生命的可贵。

当苦难降临在我们身上时，我们不应当仓皇失措，一味地躲避，而应抬起头，微笑着面对它。怕苦之人必然会苦一辈子，不怕苦之人只会苦一阵子。我们要有接受冒险和挑战的勇气，只有乐观地接受苦难的折磨，将苦难化为前进的动力，我们才能做更好的自己，才能一步步走向辉煌。

李子时，一个知名企业的老板，他管理着几百人，拥有亿万资产，每天过的是光鲜亮丽的生活。可谁又能真正体会到出生于一个贫苦农民家庭的李子时，从身无分文奋斗到亿万家产付出了多少艰辛呢？

李子时上学时成绩优良，多次被评为“三好学生”，但是由于家境贫寒，他没能完成自己的学业。为了让父母过上幸福的生活，为了出人头地，他在十八岁那年独自一人踏上了外出打工的旅途。

他什么工作都做过，快递员、外卖员、服务生、建筑民工等，但收入微薄。

有一回，李子时在做快递员时因为一时疏忽将顾客的单号弄错了，导致顾客对他破口大骂，甚至动手推搡他，李子时没有为自己找任何借口，只是默默接受了顾客的打骂，不住地对顾客道歉。他知道是自己造成了这次的失误，所以不管有什么后果他都得承担。

那次以后，他工作更加认真，除了简单的送快递、收快递工作以外，他还默默地学习管理知识，他不甘心一辈子就做个快递员，他想拥有自己的快递公司。

同为快递员的同事经常将钱花在吃喝、烟酒、赌桌上，并多次邀请李子时也加入他们。但李子时一次次忍住了诱惑，他把赚来的钱大部分寄回了家，剩下的钱全部用在了学习上。每当休息的时候，他都会去图书馆看书，偶尔还将自己喜欢的书买回来。快递员的工作很苦很累，但是他仍然坚持了下来，在心底暗暗地描绘着自己的未来。

几年的工作经历，不仅培养了他吃苦耐劳的精神，还让他积累了丰富的工作经验，他因此深受领导的赏识，被提拔为经理。

等李子时有了一定的经济实力后，他就自己出来单干了。他一步步前进，遇到数不清的困难，但最后都克服了，他有了属于自己的公司。

就这样，李子时白手起家，从一个贫苦的农家孩子，摇身一变，成了公司的老板，现在他的公司已经遍布很多省市。李子时曾经说，如果没有那几年在快递公司吃苦的经历，他是不会取得今天的成就的。

真正的成功之人会将苦难看作上天的恩赐，会在逆流之中扬起奋进的风帆。相信每个人都想成为人上人，如果在困难面前总是怨天尤人、一蹶不振，即使有好运也会被消极的态度磨灭掉。

生活处处布满了荆棘与坎坷，没有人可以替代你的生活，成功是需要自己争取的。

随着直播行业的兴起，越来越多的人凭借直播火了起来，甚至有人年收入上百万。小雅是一名刚刚毕业的大学生，她在网上无意中看到了主播的年收入榜，她不禁也动了加入直播行业的心思。

小雅长相甜美，嗓音清脆，在校园内经常有追求她的人，因此她坚信自己也会像其他主播一样有大量的粉丝喜欢并打赏她。为了能够吸引粉丝，她恶补了大量的直播知识，用自己的生活费买了很多新衣服，并精心学习了化妆。就这样，她抱着美好的憧憬和某直播平台签了约，但是事情却并不像小雅想的那样顺利。平台给的工资很少，他们承诺一旦小雅的点击量超过十万就会提高工资，可这谈何容易？刚开始直播的时候，因为她长相甜美，声音好听，靠着唱歌确实吸引了一小拨粉丝。可一个月过去了，她再也没有其他突出的地方可以展现，而唱歌又与专业水准相距甚远，所以她的关注度越来越低，直播的时候甚至有人会嘲讽她是花瓶，想要依靠自己的长相博人眼球，内里却一文不值。

这些让原本信心满满的小雅身心俱疲，而且她拿到的那点儿工资也难以支撑日常生活，直播平台的负责人还很委婉地告诉她如果继续这样下去，她的工资还会被削减。她一度陷入了极其消极的状态之中，幸好身边的朋友们时常安慰她，她还觉得好受一点儿。

可小雅内心却很清楚，别人的安慰与同情根本改变不了任何事实，如果自己再这样消沉下去，不但难以维持现有的生活，相信连朋友都会远离她的。她一时间觉得生活充满了危机感，想要扭转乾坤，还得靠自己。直播依旧没有点击量，自己就这样放弃吗？不，她还想要再试一试。

从此之后，小雅不再像以前那样只是唱歌来吸引粉丝，而是发挥自己的特长，形成独有的风格。她会在直播的时候讲一些自己去游玩的经历，将各个地方的风土人情介绍给粉丝；有时候她还会直播教导别人画画，因为小雅是美术生，所以她的讲解还算专业；有时候她还会讲一些有趣的故事，让人不禁开怀大笑。

如今她的关注量已经达到了十万以上，平台也依照承诺为她加了工资。她做得越来越好，但并不骄傲，仍然不卑不亢，深受粉丝的喜爱。

当我们遇到打击时，我们渴望有人能够站出来安慰自己，渴望被理解、被同情，这没有错，但如果借此机会去逃避，那是弱者的行为。挫折与打击并不能毁灭我们，相反，它们是成就我们的垫脚石。接受所有的磨难，它能帮助我们更快地成长。

走下去，哪怕前方布满荆棘

长这么大，每个人都做过许多选择，小到今晚吃面还是吃米饭，明天穿什么衣服去公司，大到高中选文还是选理，大学要上哪个学校、读什么专业。但无论选择的是什么，你只能咬牙坚持下去，因为即使你痛哭流涕地后悔你的选择，过去的时光也已然过去，可至少未来可期。

[1]

我的闺密今年二十七岁，马上就要博士毕业了。我们俩是高中的时候认识的，文理分班的时候分开了。她的成绩排到理科班中游，我的成绩排到文科班中上游。虽然文科生与理科生的成绩没有什么可比性，但从排名来看，我是比她强的，但是若从刻苦程度上来看，我就远远比不上她了。其实，学校安排的课程本身已经比较紧凑，没有给我们留下多少空余时间，但她总是能抓住每一分每一秒来学习。由于我花费了更少的精力，却取得了更好的成绩，因此，我总是觉得我比她聪明。高考后，她考上了外省的一所二本院校，但我们的关系没有随着距离的增长而疏远。

大学四年间，我们的联系仅限于发发短信，而且她每次回复我都是在晚上十一点以后，因为她决定考研，于是每天都去图书馆自习到闭馆，要不是宿舍楼晚上十一点要熄灯、锁门，她估计还不想回去。我不知道她除此之外究竟还做了哪些努力，但她后来成功考上了一所一流的大学，想必这是对她的坚持的最好的回报。

她读研时，我已经出来工作了，和她在同一座城市，有资金也有精力支配自己的空闲时间了。节假日时，我经常想找她出去玩，但始终很少出去，大多数是在她学校附近吃个饭，聊聊天，因为她说她想考博，必须抓紧时间学习。我劝她要适当放松放松，但她总说每次跟我聊聊天就已经很放松了。

后来，她读了博士，又去了另一座城市，成了我身边学历最高的人，奖学金惊人，负责的项目也能获得不菲的收益。现在，每次约她出去她依然是十次有八九次不去，原因很简单，她在准备考各种证书，在准备各种论文，没时间跟我出去。虽然我现在仍然觉得自己比她聪明，但她用自己的经历向我证明了：人与人之间差异最小的是智力，而差异最大的是坚持。

[2]

大学校友子纯是和我同一届经管系的姑娘。她来自南方，看上去很有江南女孩子那种温婉、娇弱的特质，从外表上看是那种非常容易勾起人们保护欲的女孩儿。

大四实习的时候，学校给同学们提供的岗位是那种干活多、压力大的岗位，而工资嘛，几乎可以忽略不计。和她在一个公司实习的同学都得过且过，总是想办法偷懒，只有她用尽全力、一丝不苟地完成了自己的工作。实习结束后，由于她的表现格外优秀，她被公司以丰厚的工资挽留了下来。几年过去了，她现在的工资是公司里数得着的高薪，年薪让我羡慕极了，还有各种优厚的福利。可通过这些待遇，我能猜测到这个看上去弱不禁风的姑娘肯定花费了极大的心血，比别人多做了许多工作。

我似乎能看到她不小心受伤时，独自一瘸一拐到医院看病，又独自步履蹒跚地爬上位于五楼的家的模样；我似乎能看到她每每加班到半夜往家走时，握紧包里那只带有电棍功能的手电筒来给自己鼓励的模样。她以轻描淡写的态度给我讲述的这些事情，却给我带来了极大的触动。我想，倘若是我需要面对这些事情，想必每一件都可能让我感到茫然、棘手，而后向我的好友吐好多天苦水。但她顶住了来自生活的压力，坚持走了下去，虽然她要照顾体弱多病的父母，要独自还房贷，但她仍然会跟着视频学做各种美食，与同事一起去聚餐，和朋友到处去旅行，将每一天都过得充实而精彩。上个月她举办了婚礼，看着婚礼上那个脸上挂着幸福微笑的她，我知道虽然她的外表依然那么温婉、娇弱，但她坚强而又坚持的内心一定能让她获得幸福。

[3]

我的一位师兄是学校的贫困生，除了兼职与学习，他的课余时间简直可以说是一片荒芜。可能是贫穷带给他的副产品，他总是沉浸在自己的世界里，很少主动与别人结交，但他会给每一个和他接触过的人留下良好的印象。每节课上课前，他都会为老师主动搬来座椅、调整好电脑，这一做就是整整四年。他的举动让所有任课老师都认识了他，给他带去了不少的便利。无论他的行为是否带有功利性的目的，能够一直坚持为老师搬座椅、调电脑，没有一次休息，已经十分令人敬佩，至少包括我在内的许多人都无法坚持下去。

如今他成了一名大学老师，也早已娶妻、生子，过着安稳、富足的生活。前不久我和他相聚时，听到他对未来的憧憬与畅想，我想那一定就是他未来的模样。

[4]

以前，我不知道人们究竟能够努力到什么程度、坚持到什么程度，只知道至少不会轻易放弃。

自己选择了一个方向，即使不知道它会通向何方，即使不知道道路上究竟要途经多少荆棘，也要一步一步地走下去，因为即使回到出发的地方，那里也不再是记忆中的模样。也许你以后会后悔自己选择了这条道路，但不会后悔曾经的倔强。有那么多人即使咬着牙也在坚持走下去。

若一息尚存，则希望不灭

世界上从来没有真正无路可走的境遇，即使遇到天大的困难，也不意味我们已经走到了穷途末路，要始终坚信，若一息尚存，则希望不灭。

我们的一生会遇到很多看似难以解决的问题：学业上难以前进，事业上难以突破，爱情上难以平静，人生难以安逸……确实，生活不可能顺顺利利，可即便如此我们也要努力拼搏，对庸庸碌碌的生活说不。躺平任嘲，是懦夫的行为。坚持下来，就会有希望。

张启然，一位知名小说家。其文风犀利，一针见血，不拖拉，不矫情，因此获得了大批粉丝的喜爱。

可谁又知道，他曾经差一点儿就辍学去打工了。

张启然从小家境困窘，父母感情也不好，常常吵架。他上了高中之后，随着学费的增高，父母迫于生活压力，吵架的次数就更多了。有一次，他的父母又在家开始了激烈的争吵，吵着吵着就开始骂起了张启然。父母觉得他一点儿也不争气，成绩太差，根本没有能力考上大学，所以不想供他读书了。家里人觉得他与其在书本上浪费时间，还不如趁早出去打工挣钱养家。张启然迷茫了，他不知道自己究竟是应该继续上学还是听从父母的意见去打工。

因为非常纠结，张启然只好将他的迷茫告诉了他的语文老师。语文老师听了后，非常严厉地批评了他，并告诉他，什么年纪就应该干什么事儿，只有上学才是他最好的出路。老师又详细地帮他分析了他的成绩，说：“你的数理化成绩确实不好，影响了你的总分数，但你的语文成绩非常不错，尤其是写作能力突出。高二的时候你可以选择文科，将来可以考虑朝着写作方向发展。但前提是，你得努力把高考这道坎跨过了，只有这样你才更有希望走上写作这条路。”

听了老师的话，张启然顿悟了。他喜欢阅读，喜欢写作，喜欢将自己的感悟用文字表达出来。他找到了自己的希望，从那之后，张启然开始为高考做准备。

他回到家后，对自己的父母说："你们都认为我考不上好的大学，我承认，以我现在的能力确实很难实现，但老师说我有写作的能力，而且我也喜欢写作，我相信自己在这条路上一定会有所收获，但前提是要度过高考。"张启然非常坚持，父母便随了他，想着万一没有考好到时候再去打工也不晚。

在这之后，张启然开启了疯狂学习的模式，辍学打工，还不如逼自己一把，拼命读书说不定还能创造奇迹。

果然，他的付出没有白费，奇迹发生了。

张启然的高考成绩虽然不能说多么出类拔萃，但还是考上了一所二本院校，选择了汉语言文学专业。大学期间他几乎每天泡在图书馆内，看了大量的书籍。

他一边阅读，一边尝试着写一些短篇故事并投寄给出版社，但寄出去便石沉大海了。即使是这样，张启然也没有灰心丧气，他不断提升自己的能力，继续投稿。终于有一家出版社表示被他的坚持打动了，允许他来出版社实习一段时间，希望能对他的写作有所帮助。

就如同天上掉馅饼一样，张启然简直不敢相信自己的耳朵。他如约去了出版社实习，在那里，他学到了很多写作方面的知识，认清了自己写作的不足之处。

就这样，张启然的写作能力在不知不觉中突飞猛进，他发表的文章深受年轻人的喜爱，最后他成了一名知名小说家。

一次回老家时，张启然遇见了当初鼓励自己的那位老师，老师语重心长地对他说："若一息尚存，则希望不灭。"张启然将这句话作为自己的人生准则，时刻牢记于心，鞭策自己。

是的，如果因为害怕付出不会有收获而放弃付出，那么你就会与希望擦肩而过。不经历风风雨雨，不去尝试努力飞翔，就会在追梦的过程中失去方向。

追逐理想就像在迷雾中走路，只有迈出脚步出发才会有走出迷雾的可能，原地停留是不会有任何收获的。因为路途遥远或是看不见希望而不愿意尝试，只会失败。

生活本身就是一扇门，我们并不知道门里面究竟有什么，我们看不见，也听不到，更无法想象到，只能走过去打开这扇门才知道。有的人害怕，挣扎着逃离，却错过了属于自己的幸福；有的人勇敢，带着自信前行，在门后找到了属于自己的人生价值。生活中有很多事，始终无法预测。

“沉舟侧畔千帆过，病树前头万木春。”经历再多的苦难也不要放弃，朝着有光的地方努力奔跑。只要你是千里马，终究会遇到伯乐。树立目标，无畏风雨的洗礼，努力坚持下去，终究会寻找到自我。

岁月漫长，生命短暂。若一息尚存，则希望不灭，万事皆有可能。

每一次失败都是一枚勋章

偶然在书中看到这么一句话："每一次失败都是一枚勋章。"面对失败，我们会觉得沮丧，但聪明的人却会珍惜，在失败中找寻成功的方法。当然，没有人会喜欢失败，因为失败，我们的心灵就会受到不同程度的伤害，身心俱惫。但只要熬过伤痛，经历过失败，就会懂得珍惜的意义，就会学会坚强。生命只有经过伤痛和失败的洗礼，才会蜕变成美好的人生。

在甘肃省一个贫苦的小山村里，王子玉度过了他的童年。童年时光里围绕他的是泥泞的山路，砍不完的柴，洗不完的衣服。因为家境贫寒，王子玉没能上小学，他在家里跟着父亲做农活儿，等到不忙的时候便偷偷去学校教室外面听课。

王子玉渴望上学，渴望读书。因此，他每天会留出半天的时间在地上写那些他学会的字。有时候农活多得做不完，他就晚上继续学习。父亲看到他这样爱学习，下定决心无论如何也要攒钱供他上学。后来，王子玉终于走进了教室。因为这样的机会实在是来之不易，所以他非常努力，还总是虚心向老师请教问题，而他本身又非常聪明，所以学习很好。

经过多年的努力，他竟然考上了当地的重点中学。那天，他高兴极了，全家人都不敢相信。

家人把王子玉当成了未来的希望，他们想尽了办法终于筹到了他上中学的钱。但是入学后，王子玉发现在人才济济的重点中学里，他的成绩是最低的，而且在见识方面也远远落后于同龄人。但王子玉并没有灰心，他什么也没说，暗暗下决心，要追上其他人。他始终相信，现在的失败和伤痛都是为了更好地成长。他更加努力，从自己不懂的地方开始学习。为了缩小差距，他将能利用的时间全都充分利用起来。晚上同学们睡觉后，他还要拿着课本去操场的路灯下面看书，日复一日。

有一天夜里，值夜班的老师发现了在楼道里看书的王子玉。他瘦小的身影在路灯的照耀下显得是那么高大。

看到这样的情形，老师被深深地打动了。从王子玉入学以来，他便格外关注这个学生，现在他为王子玉的所作所为感到无比骄傲。老师走上前亲切地问："这么晚了，你为什么没有去睡觉？"

王子玉对老师说："我需要学习的东西太多了，我得抓紧时间读书，我不想做班里的最后一名。"老师劝王子玉回去休息，但王子玉执意要把书看完才回去休息，老师被他的坚持感动了。

就这样，王子玉付出了比别人多几倍的努力，终于在毕业的时候取得了令人出乎意料的成绩。他的进步之快让整个学校都为之震惊。

王子玉的事迹被学校的老师、学生争相传颂，就连校长也知道了他。王子玉经常说的一句话便是："我相信自己不比别人笨，别人能做到的，我也一定能做到。"

功夫不负有心人，王子玉凭借自己的努力考入了北京的一所重点大学。

回想他的高中时光，王子玉遇到过很多困难，也经历了多次失败。但每次失败后，他都会总结经验，自己哪部分知识掌握得不够牢固，自己哪部分知识不明白，总结后有针对性地解决。他不害怕失败，他相信每次的失败都是成功前的演习。

不管是在学习中还是在职场中，面对失败，我们不能怨天尤人、自暴自弃，要及时总结原因，找出对应的解决方法。很多人在失败面前止住了前进的步伐，不能正视失败，难以从失败当中走出来。这样的人一辈子都难以取得大的成就。

回首我们了解的成功人士的事迹，你会发现他们都曾经历过失败。

《钢铁是怎样炼成的》的作者尼古拉·奥斯特洛夫斯基，他二十二岁时瘫痪卧病在床，双目失明。在这样的情况下，他创作了世界名著《钢铁是怎样炼成的》。在这个过程中，他遇到了数不清的苦难与失败，但他没有放弃追求人生的价值，他对失败和伤痛怀有感恩的心，他坚信每次失败都是命运对人们意志的磨炼，他能够乐观地在承受痛苦的同时享受着生活赐予自己的幸福。

没有谁的一生是风平浪静的，只有经历过风雨的人生才是有意义的人生。一帆风顺的生活只会消磨人的意志，让人在安逸享乐之中丧失斗志，一旦遇到挫折就会惊慌失措地不知如何应对。经历风雨洗礼，就会在苦难中锻炼出坚强的品质，就会懂得生命的真正价值。

善待苦难，正视失败，珍惜每次失败后的收获，相信每一次失败都是一枚勋章。面对失败与伤痛，勇敢地前行，享受失败和伤痛带来的收获。

成为更好的自己，从享受坚持开始

我的朋友桃子是一个对生活充满了热情的人，她的兴趣爱好很广泛，但她对很多事情是三分钟热度，很少能坚持下来。

小时候，她想学书法，便加入了学校的书法社团，但她只认真练习了几节课就兴味索然，那个学期剩下的书法课都在滥竽充数，因为她觉得自己都那么认真地练习了，可自己的字还是写得那么丑，这太打击人了。后来，她想学钢琴，央求着妈妈给她报了名，可是没学多久就放弃了，因为她觉得每天都得练琴，实在是太辛苦了。而后，她又想学舞蹈，可是她又败在了疼痛之下……就这样一次又一次，她虽然学习过很多东西，但大多都是一知半解，懵懵懂懂。

后来，她的妈妈觉得这样不行，便在桃子又哭着喊着要学跆拳道的时候对她说："桃子，妈妈很高兴你是个对学习充满了热情的孩子，可是你学了这么多东西，却一次都没有坚持下来，你觉得这样的学习有意义吗？"

桃子默默地低下了头，没有说话。

妈妈接着说："这次你又想学跆拳道，妈妈很赞同，因为哪怕你最后练不出什么成绩，也能强身健体，但这些的前提是你能坚持下去。你要考虑好，这次一旦开始学习可就不能半途而废了。"

桃子认认真真地思考了一会儿，然后坚定地对妈妈说："我要学，我会坚持下去的。"

下定决心坚持下去的桃子这次真的坚持了很长一段时间，长到她自己都不敢相信。可她最后还是故态复萌，又学不下去了，但妈妈这次没有放任她。

妈妈先是强迫她继续学习，可发现桃子一直"消极怠工”，这样完全起不到效果。于是，她便想了个办法——让桃子和她爸爸对练。十四五岁的桃子个子已经很高了，用点儿技巧制伏本就不是很壮的爸爸应该没问题。事情也确实按照妈妈的计划发展下去了，桃子轻易制伏了爸爸，成就感爆棚。她又燃起了热情，并且一直坚持下去了。由此，她养成了坚持、不畏困难的品质。

最近，桃子突然对瑜伽产生了兴趣，便在瑜伽馆报了名，每个星期都会特意抽出时间去瑜伽馆请老师指导练习，而且每次都是乘兴而来，尽兴而归。可是，已经工作了的桃子，生活自然没有学生时期规律，她经常需要加班，而一加班也就没有时间再跑到瑜伽馆去了。因此，桃子去瑜伽馆的次数越来越少，四个月之后基本上不去了。

她觉得没能坚持下去很不好，跟我聊天时总是提起这件事，她似乎对这样的自己很不满，心里充满了罪恶感。而罪恶感一旦产生，似乎就会给自己下了“自己不行”的心理暗示，她已经养成多年的良好习惯似乎也受到了负面影响。

看到她苦恼的样子，我也很着急，思来想去，便建议她想想之前坚持练习跆拳道时的情景，因为坚持不懈，她已经是个跆拳道高手了，这么难练的跆拳道都坚持过来了，瑜伽还不是小菜一碟！

桃子被我的话鼓励到了，她似乎又恢复了一些信心。

我问她："桃子，你怎么突然想起练瑜伽了？"

桃子说："我同事去练瑜伽了，那体形变化，简直是丑小鸭变成了白天鹅。女人嘛，谁不希望自己的身材更好？"

听了她的想法，我建议道："既然这样，那你就更得坚持下去。不过也不用非得隔三岔五就往瑜伽馆跑，自己在家也可以练习啊。我建议你可以自己每天坚持在家里练习，不管时间长短，只要练习了就行。如果平时总加班，瑜伽馆可以周末去啊。之后再根据自己的时间调整，直到调整到最合适的状态，养成习惯。"

我们那次聊完之后，桃子坚持每天早上做十五分钟瑜伽，每周去一次瑜伽馆。现在，她的体态明显比之前好了很多，她非常开心。

其实，桃子并没有什么特别突出的天赋，她跟你我一样只是一个普通人。她善良、热情，很多时候做事都是三分钟热度，但她又是那么的与众不同。在成长之路上，她学会了坚持，享受坚持带给自己的快乐，也完成了自己的目标。

桃子做到了，你呢？

时光不会辜负每一个耐得住寂寞的你

有些路是你必须走的，有些事是你必须经历的。岁月交付给我们的，是在时光的磨炼中成长。

时间用在哪里，你的收获就在哪里。

程强在十五岁初中毕业后就没有继续读书了。虽然成绩优越，但是贫寒的家庭支撑不了他继续求学。虽然他也曾声嘶力竭地哭喊着要上大学，但是条件的限制是事实，泪水也解决不了问题。后来他就出去打工了，他在工地上搬过砖、在水泥厂里扛过水泥、在机械厂里搬过铁块，吃过无数苦，受过很多伤。在这样的境遇下，他也从没放弃过读书，每次下班回来他都抓紧时间学习。他曾多次向他们那里上过高中的同学借书，向他们请教问题。他还养成了每天晚上写日记的习惯，记录自己的内心独白。

日记写得多了，他发现他越来越喜欢用文字来表达自己，于是他开始写文章，一篇又一篇不断地投稿，希望能够引起人们的共鸣，可是都石沉大海。

但是他并没有因此而气馁，他还是像以前一样努力，读很多优秀的作品，并不断总结写文章时的不足。后来终于有一家出版社选用了他的文章，并发表到某本杂志上，他的努力终于没有白费。在以后的生活中，他依旧坚持写自己的故事，在自己有限的生命里，用自己真挚的笔触来描摹生命的轨迹，那是一件有意义的事情。

后来，他的文章频频发表，有家杂志社还让他写专栏。从此他用心写着自己的未来，用每个故事激励着自己前进的脚步。

所以说人生的惨败并不意味着结束，一个凄惨的开始，或许是你努力奋进过程中的一个跳板。

起初，程强的稿子总是被退回来，是因为里面都是对生命的控诉，看着那些字句，有一天他幡然醒悟，他为什么不换个角度呢？于是他将自己的笔对准生活中积极向上的一面，开始叙述自己从困境中得来的成长，在迷茫中找到的方向。他笔下的故事越来越阳光，越来越成熟，那些工作中的点点滴滴，一幕幕地在他的故事里得到绽放。当他再次投稿时，投稿的成功成了他在寂寞里的一束曙光。他的心变得越来越豁达，开启了新的人生篇章。

无论你从什么时候醒悟，都将是一个新的开始。

廖凡在上编程培训班的时候，认识了一个工业学院毕业的朋友。对方的英语很优秀，每次在电脑出现问题或者在编程中出现不认识的单词的情况下，同学们都去找他，他帮同学们解决了很多问题。除此之外，他在大学空闲的时候还自学过 C 语言，实在是名副其实的学霸。

刚开始同学们看他这么厉害，都认为他肯定学过编程，来这儿是为了进修。可后来大家才知道，他大学的专业并非编程。

廖凡问他：“既然没学过，那你编程怎么写得这么厉害，而且英语还这么好？”

他回答说："一开始我单纯是对编程感兴趣，就上网查了很多资料，有了一个大体的了解。后来我买了一本 C 语言的书，每天都看，然后对着电脑研究。除此之外，还经常泡在图书馆看书或看视频学习。至于来这边培训，是因为还有很多地方不了解。"

廖凡又问："那你的英语为什么这么好？"

他说："我一开始英语哪里好啊，只是为了学编程不得不学啊，每天背一些单词，背一些句子，积少成多，反复练习。"

廖凡听呆了，问他："那你学了多长时间？"

他说："三年多吧。从大二开始，一直到大四。那几年几乎没有参加什么社交活动，平时的时间都在图书馆里消磨了。"

廖凡很难想象他耐住了多少寂寞，忍受了多少辛苦。在一起学编程的那一年里，他一直很优秀，同学们都称他为学霸，但他对这些从来没有沾沾自喜过，继续在角落里敲着那些无聊的代码，背着那些枯燥的英语单词。

此时此刻廖凡终于明白：你能耐得住多少寂寞，你就能收获多少成功。

在这个快节奏的时代，我们总希望今天跑五公里步明天就能减肥成功，我们总希望今天努力一下明天就会有好结果。

可是任何一件事的成功，都需要一个平静不求回报的沉淀过程，需要一步步去积累，一点点去坚持，最后达到质变。

那些闪着光芒的人，谁知道他们在黑暗的角落里遭受过多少寂寞？

那些在舞台上一鸣惊人的人，谁知道他们在台下经历了多少心酸孤独？

这世上没有毫无理由的成功，那些带着光环的人，都是耐得住寂寞，用心坚持自我的人。你要相信，时光不会辜负一个在平静中努力的人。

Part 6

最感动人的，是你无数次跌倒却仍选择奔跑

接受不完美的自己，踏着失败前进

工作当中，你是否遇到过那些默默无闻甚至从未听说过他们名字的工作者？抑或你曾经就是那个默默无闻的工作者？

这样的工作者诚恳老实，工作努力而又拼搏。他们对于自身的打扮并不注重，没有漂亮的衣服来衬托自己，对社会的潮流也不刻意追求。在工作单位他们不迟到也不早退，更不会在公司大放厥词，指责上司的不是。他们长相不算出众，也没有太突出的业绩，他们在公司里来回穿梭几年，可能你对他们还是印象平平。

生活中的这类普通人虽然相貌平平，不喜欢与人交谈，性格内向，但他们沉得住气，在背后默默努力，很多时候一声不响地便做成了事，甚至一鸣惊人。

阿珂是一家科技公司的一名职员，他衣着简单朴素，身材瘦弱，走到哪里都是一副不起眼的样子。

阿珂从小生长在农村，由于小时候患有小儿麻痹症导致他走路有点儿跛脚，所以他内心很自卑。在他刚进公司的时候，曾因为这个原因被许多同事调侃过，这给他的心里带来了挥之不去的阴影。所以他总是低着头，坐在公司的角落里，轻易不与人交流。不得不与人交流工作的时候，他的声音也是小小的。就连中午吃饭的时候，他也不肯和同事们一起，也不怎么参加公司的集体活动。所以，半年下来，阿珂在公司就像空气一般的存在，很少有人会注意到他。

有一次，阿珂负责的一个小程序做得特别好，得到了领导的公开赞赏，领导在会议上夸他技术精湛，而且写的程序很有创意。

因为这次“小程序”事件，原本默默无闻地完成任务的平凡小职员被公司同事们关注。能够被领导认可这本是好事，阿珂也看到了自己的闪光点，可凡事有利有弊，也恰恰因为如此，一个和他相同部门的员工，因为被阿珂这样一个没有存在感的人抢了风头而怀恨在心。

他在茶余饭后多次话里话外地嘲笑阿珂丑陋矮小，说他这副德行有什么能耐做大事呢？

阿珂听到这些冷言冷语很受打击，刚冒出的一点儿热情就又被浇灭了。

下班后，领导找阿珂谈话，勉励他不要因为那些冷言冷语而自卑，而是应该找准方向做出有价值的事情，用自己的行动证明自己，用自己的成绩碾碎那些闲言碎语。

听了领导这样的鼓励，阿珂回家思考了很久，他心里终于明白，只有奋斗才会让别人刮目相看，他想着，是该好好努力奋斗了。

从那以后，阿珂虽然依然低调，但本质上不一样了。他不再那么在意别人的眼光，而是把注意力放在自己身上。他工作非常努力，哪怕是面对棘手的问题也主动迎上去，还在业余时间不断学习新的知识。在之后的一次绩效考核中，阿珂比之前提升了不少。

渐渐地，阿珂踏实努力的品质也吸引了其他跟他一样努力上进的同事，他不再是孤零零的一个人。

在其他同事的鼓励和影响下，在工作不断受到领导的赞扬下，阿珂的自卑感渐渐褪去，在工作和生活中他慢慢变得自信起来。

之后，阿珂仍然时刻不放松对自己的要求，他不断升职加薪，现如今已经是总监了。

阿珂终于可以自信昂扬地活在明媚的阳光下了。人都是这样，只有熬得住那些冷风冰霜的日子，才能够绽放余生的精彩。

我们再来谈谈阿飞。

阿飞这个小伙子是青海人，小时候在农村长大，后来他被打工的父母接到城里，便在城里的小学读书。因为没在城里生活过，他许多事都不懂，与班里的孩子格格不入。许多调皮的同学经常取笑他，说他穿得像乞丐，人也长得又黑又丑，脑子还很笨，老师也不喜欢这个整天闷闷的孩子。

因为对周围环境的不适应，阿飞越发封闭自己。他的这种情况到了中学不但没有变好，反而越发严重。

因为跟老师同学都相处不来，又处在一个叛逆期，阿飞看谁都不顺眼，动不动就和别人打架。他整日活在自己的世界里，坐在最后一排，上下课都在睡觉，为了逃避现实，他还经常旷课去网吧，成绩一落千丈。

阿飞说高二和高三的那段时期是他最颓靡的时光，直到高三下半学期高考近在眼前，他才突然醒悟，自己再这样下去就完了。然而临时抱佛脚是很难创造奇迹的，半年的努力最终也没有让他考上理想的大学。

进入一个三流的大学后，阿飞想着如今进入一个全新的环境，与青海远隔万水千山，没有人会知道他的过去，他为什么不重新开始呢？于是，他下定决心好好改变自己。

他努力学习，从不逃课，积极参加班里的活动。大二的时候班里选举班干部，很多人都不积极，而他毛遂自荐，最终被选为班长。而事实证明，他确实是一位认真负责的好班长。他还加入了学生会，因为积极参加各种各样的活动而成为同学们的好榜样。在不断的锻炼下，阿飞成熟了很多。某次学生会需要筹措一笔赞助费，通过他与赞助商的顺利交谈，他们拿到了一笔数量可观的赞助费。当成功拿到钱的那一刻，同学们欢呼雀跃，他心里生出一股以前从未有过的自豪感。

他在心里默默感恩自己，幸好没有放弃，原来只要不懈努力，就会有属于自己的一片天。

阿飞通过自己的一步步努力，逼迫自己随着时代的潮流而奋斗，除了平时在学校用功学习、拓展交际外，他还用额外的时间兼职挣零花钱。慢慢地，那个曾经敏感内向又被人看不起的小伙子，变成了在上千人面前也能从容演讲的成功人士。这些经历让他明白，唯有敢于面对自己的不完美，并为之努力奋斗，才能给自己创造美好的未来。

他的奋斗不是为了去与别人攀比，只是为了让自己在未来的生活中有更多的选择，能够在每一次的奋斗中充分认清自己的潜力，不断地完善自己。

我们比别人慢一点、丑一点、家境差一点没关系，只要自己不轻言放弃，就没有人可以看轻你。

时间从来都很公平，你的付出与努力，都将在未来做出完美的见证。

你的努力，让自己活得有底气

人美、事业成、家境好，想必拥有这些的人就是人人羡慕的“人生赢家”了，可是我接下来要讲的故事中的主人公却与“人生赢家”的定义截然相反。

我的大学同学红艳是个很平凡的女孩儿，她的父母都是农民，没上过几天学，也没什么见识，上了大学的红艳可以说是鸡窝里飞出来的金凤凰。

红艳这一路走来其实并不是十分顺遂。

红艳家在农村，那里到现在还是普遍有重男轻女的思想。在红艳刚上小学的时候，她又多了个弟弟。最小的孩子总是更容易得到父母的宠爱，再加上又是个男孩儿，因此，红艳难免会被忽视，这也造成了她有些自卑内向的性格。

红艳与漂亮的长相绝对沾不上一点儿边，学习也不是很好，再加上她的名字还带有二十世纪七八十年代的那种浓浓的乡土风，所以经常被其他同学调侃。有同学问她："小村子里起名是不是都特俗啊，什么'艳'啊、'花'啊、'红'啊、'妹'啊用得是不是特别多?"每次听到同学们的调笑，红艳都手足无措，不知道说什么好，就只能尴尬地笑一笑。可是她每次笑的时候都会露出参差不齐的牙齿，这就又给一些同学提供了调侃的材料。同学们的调侃深深伤害了红艳的自尊心，导致红艳越来越自卑，也越来越少地对着别人开怀大笑，她唯恐别人又拿自己取乐。

红艳告诉我，初中是她最孤独且自卑的时期，那个时候她总是独自躲在角落里努力。后来，她中考失利，勉勉强强进入了一所普通高中。那时的她浑浑噩噩地混过一段日子，她抱怨为什么自己不能像那些"人生赢家"一样生来就有一个优渥的家庭，为什么自己这么努力学习却依然比不过那些不怎么刻苦但头脑灵活的人。但是，她终究不甘心就此认输。

这份不甘心在父母提出让她辍学打工时升到了最高。她坚决不肯退学，她要更加发愤读书，她要证明自己也是可以考上大学的。

红艳身上其实一直有一股不服输的精神。她不愿意成为砧板上的鱼肉，任人宰割。她不希望自己重复父母那样的生活。所以，她要更加努力，让自己有底气去选择更好的生活。

她告诉我，她没有一定要成为人生舞台上引人注目的明星的想法，也不会认为只要努力拼搏她就一定能成为最出色的那个，她只是想着如果自己每天都能比前一天进步一点点就足够了，这样她就能小有成就。她渴望未来能拥有更自在的生活，看中了的衣服想买就能买，工作生活中出现了问题能够凭自己的能力解决，即使辞职也可以很快找到同样薪资甚至条件更好的工作，能够在今后的爱情与婚姻中不必低声下气。她的这份努力就是为了将来能活得有底气些。

经过高三没日没夜的辛苦付出之后，红艳考取了一所很不错的大学。为了能有一个好的将来，大学四年她时刻不敢放松自己。

后来，她终于苦尽甘来。毕业后，她顺利进入一家知名公司。

上次跟她闲聊，本来在说之后的出游计划，她突然发来语音跟我炫耀，说自己竟然成了别人羡慕、忌妒的对象，太爽了，紧随着的便是一阵大笑。我问她发生了什么，她一边笑一边告诉了我事情的经过。

她的上司很看好她，想要将她调到身边就近指导，培养她做接班人。同组的一个女同事听说了之后很不高兴，竟然跑到上司那里反对。上司耐心地跟她解释说，因为红艳的能力和素养都是组里数一数二的，而且她从不懈怠，总是在不断学习，不断进步。女同事听完之后还是愤愤不平，她觉得上司是在暗示自己比不上红艳，于是回过头来就跟别人造谣说红艳肯定是给了上司什么好处。她忌妒得都快发狂了，红艳却觉得她这种行为太好笑了。红艳不跟她一般见识，对方也完全没有影响到她的心情，因为她明白，领导对自己的器重是因为自己足够努力，她的地位不是对方在公司散布几句谣言就能撼动的。

步入社会后的红艳慢慢了解了社会上竞争的激烈和残酷，为了不落于人后，她一直默默努力，她所有的空闲时间都被她用来充实、完善自己。她的朋友圈很少更新，偶尔发个朋友圈分享的也是与工作相关的内容，什么参加某某会议的照片，学到了某种新技能，领导选择了自己费尽心血想出来的方案，在某次宴会上结识了新朋友……

如今，她更加坚定地相信只有自己努力得来的东西才属于自己，它们会让她越来越杰出，也给她的生活增添了筹码，让她有资本、有底气去反驳他人的闲言碎语。

食物放的时间长了会变质，相处得久了爱情会淡化，世界上的许多东西都有保鲜期，保鲜期一过随时都有遗失的可能，但自己努力学来的技能却不会凭空消失，只要自身能力出众，何必依靠外物获取安全感。

有的人听了太多劝人奋进的鸡汤反而生出了逆反心理，觉得不努力也能躺在之前的功劳簿上醉生梦死，或是成为“巨婴”等着白发苍苍的父母养育自己，这样的人活得毫无尊严、毫无底气。世界上没有平白无故的幸运，当之前的功劳被啃完，当父母无力再供养儿女，到时候这些人又该将自己置于何地？努力之后尚且可能迎来失败甚至被生活痛击，更何况不努力呢？

我认识的某个作家朋友就非常拼，她白天的工作非常忙碌，晚上回家还要坚持写作，她定时在自己的公众号上发表文章，现在畅销书已经出了两本，还想着继续写下去。我的某位同事策划过好几册畅销书，但她依然没有停下努力的脚步，她不断提升自己的能力，梦想着成为一位出色的出版人，能够在出版业打拼出属于自己的一番天地。

肯努力的人从不高高在上，他们活得恣意昂扬，十分鲜活。在面对伤痛时，他们能让自己快速愈合；在面对危机时，他们能扛得住压力，而这一切都依赖于他们有翻盘的雄厚资本与底气。

拼搏，本身就是最大的意义

由于女友移情别恋，二十三岁的江辞选择辞掉原来的工作，来到一座陌生的城市重新开始。由于学历低，他找不到好工作，只好先将就着骑着驴找马。

在这里他举目无亲，每天面对着的是朝九晚五的机械式工作。面对着被恋人抛弃、工作没有任何前景的残酷现实，他意识到不学习新的技能就没办法改变现状。于是他一边工作一边学习，之后又报名参加了专升本考试，考取了一所不错的学校。

闲暇时间在一本书上看到美国加利福尼亚州的风景，让他心生向往，去加利福尼亚留学成了他的一个可望而不可即的梦想。他把书上的景色指给同事们看，他们都说：“别做梦了。”

是啊，他没有出类拔萃的能力，没有好的背景，更没有优越的家庭经济条件，连找一份好工作都艰难得很。

即便现实如此残酷，但江辞还是不想随波逐流、庸庸碌碌。虽然眼下没有出国深造的条件，但他还是可以把眼前的生活过好。

因为之前的经历，他特别珍惜现在学习的机会，在他的努力下，他门门功课都非常优秀，深得老师喜爱。

之后，因为成绩优异，江辞竟然拿到了学校留学生交换的名额，他就这样去了美国。这一切超出了江辞的意料，所以当他坐上飞往美国的飞机的时候还觉得像做梦一样。

虽然，江辞终于得偿所愿，但一切远没有想象得那么如意。

他住的是不到十平方米的卫生条件极为恶劣的房子，他的邻居深更半夜还在喝酒打闹，又唱又跳。

除了紧张的学习以外，他还要尽量适应国外的环境，还要在餐厅打工，以赚取生活费，还要抽出时间来学习外语。而他赚取的那点儿可怜的薪资常常不够花，有时候他只能买一块面包充饥，甚至吃客人的剩饭。然而美国人的饭菜和中餐大不相同，经常吃一些半生不熟的东西，他的胃很难适应，在这不到一年的时间里他竟然瘦了十五斤。

他说，那时候想想以前偶尔因为工作加班至凌晨就感觉苦不堪言，然而与在美国的生活的艰辛比起来简直不值一提。那时候至少有充足的睡眠时间，有可口的饭菜，周末能去美丽的景点游玩，能去博物馆里浏览历史文化，最重要的是没有语言文化的差异。而那些简单的事情对于一个在外的游子来说都变成了奢侈。不管他们的父母是谁，在家过得怎么样，在这里，都得重新开始，自己养活自己，脚踏实地地生活。

我问过他："那你后悔自己当初的选择吗？"

他说："无论如何，这条路是自己选的，没有什么后悔不后悔的。我在美国也得到了很多，我看过很多以前没有领略过的风景，见识了各种各样的人，学会了更多的技能，变得比以前能吃苦，适应能力更是得到了飞跃。而且，后来不就苦尽甘来了吗？我毕业后进了国内一家不错的外资企业。而且，前不久，我还带着爸妈出国玩了一趟，可把他们高兴坏了。”

听完江辞的话，我沉默良久。人生没有尝试，又怎么会知道值不值得。看着江辞实现了自己的人生价值，真心为他感到欣慰。只有经历过风雨，才能看到彩虹的美丽，只有在痛苦的环境中不断地磨炼自己，才能真正成熟起来。若他一味追求安逸的生活，贪图享受，那么他只能埋没于这个时代的潮流当中，甚至变得自我厌弃。只有从那些窘迫和苦难的日子里走出来，眼前才有开阔的大路。

未来的一切我们都无法预知，我们都曾以为自己会在这个世界上潇洒快乐地生活着，然而生活总是不尽如人意。可我们正是在经历过一些心酸和痛苦之后，才能更加懂得生存与生活。

生活中的任何经历对于我们来说都是宝贵的，不管它是好是坏都是上天给予我们的馈赠。你只要相信自己，去吃苦，不管有多累去努力、去拼搏、去创造，这本身就是最大的意义。

要挣脱命运的枷锁，就要拼尽全力

每个人都会有自己的理想，可是美丽的理想需要我们一步一个脚印地去实现。每个人都希望自己能够在人生中顺顺利利地达到自己想要的高度，然而事实上，人生中有太多的坎坷在未来等着考验你。如果你敢于面对那些未知与不可能，调整好自己的心态，不断坚持自己想要的，歇斯底里地去奋斗，你就能挣脱命运的枷锁，得到你想要的。

我认识的一个男孩叫文辉。几年前，他从自己的家乡来到北京。他在家乡的时候是在一家工厂里上班，当一个小领导，工作稳定而安逸。再加上他人长得也精神，经常有媒人上门说媒。家里人希望他能够尽快成家，再生个儿子，这样他们就无所求了。

可是在文辉的心里，这样的生活却不是他所追求的。他不想将自己埋没在这个小地方，不愿意让自己的人生没有一点儿光彩。别人津津乐道的那种一成不变的安逸生活恰恰是他所厌弃的。他想改变这种按部就班的命运，从这种乏味的生活中走出去，去更大的城市看看，他迫切地想感受一下外面的世界，过不同于祖辈的生活，实现自己的人生意义。

但是他未曾想到，他的想法会遭到家人那么强烈的反对，所有人都说他疯了，家人们声嘶力竭地劝他打消这个念头，苦口婆心地跟他讲他所熟知的大道理。他告诉自己的家人，他想通过考北京的公务员来改变自己的命运，可大家都觉得他的话简直是天方夜谭。一个小地方出来的专科生，又毕业了这么久，现在社会知识变得这么快，想从外地考进北京，简直是痴人说梦。

朋友们也不支持他，说他都快三十了，在厂子里又是一个小领导，管理着一组人，这样的工作还不满意，整天跟别人谈自己的理想，简直荒唐得很。

可文辉的决定是深思熟虑的结果，他还是坚持自己的想法。他辞了职，每日在家发愤学习。他把以往自己考大学时的那种拼劲重新提起，每天都不知疲倦地积极备考。但成绩公布的时候，他还是差了五分，而没有达到北京公务员的分数线。

考试的失利自然惹得周围的人一起对他进行指责。说他就是在胡闹，这下好了，没有考上公务员，连工作也丢了，简直就是偷鸡不成蚀把米。

可不管别人如何说，文辉都不为所动，通过这一年的学习，他的理想和目标更加清晰，他虽然失败了，却更清楚地知道了自己想要怎样的生活，怎么做才能实现自己的价值。别人怎么说不重要，但他觉得，他的人生就是应该绽放精彩，他应该活出真正的自我。

于是他再次调整好自己的心态，开始新一轮的学习备战。他合理地安排时间，用有效的方法来学习，最后终于志得意满地考上了北京公务员。

因为能到北京工作对于他来说太难得了，所以他工作非常卖力，表现得很突出。因为工作的关系，他还结交了很多朋友与领导，拓展了自己的人脉。后来在朋友的介绍下，他娶了一位北京姑娘，二人情投意合，同舟共济，日子过得越来越红火。现如今，他真过上了自己想要的生活，用行动改变了自己的命运。

有一次，我因为工作原因约文辉去咖啡厅喝咖啡，我们聊完工作后又聊起了近况，我问他："当时你还没考上公务员，就把工作给辞了，你的胆子也太大了。"

文辉抿了一口咖啡，笑着说："那个时候我也是想逼自己一把，没有后路了，就只能拼尽全力。我不管别人怎么看我，怎么指责我，我只想尽全力去追求自己想要的东西。北京公务员即使再难考，每年不还是有很多人考上了嘛。我承认那时已经荒废学习很久了，但是我拿出了当年高考的架势来面对北京公务员考试，我就不信我考不上。"

他再次抿了一口咖啡，又说道："为了改变自己的命运，就算拼尽全力又如何？"

我对文辉这份决心佩服得五体投地，在年轻的时候不安于现状，逼自己拼尽全力，用行动来挖掘自己的潜能，不怕吃苦，敢于挑战自己，敢于打破安逸，最终实现了自己的人生价值，做到了自我的突破，在以后的生活为自己和他人造就更多的福利，无怨无悔，这样的人简直太酷了。

有人说，安安稳稳地过日子不好吗？为什么要拼尽全力改变自己呢？为什么做那些费力不讨好的事情？说这种话的人永远不明白，一个人的潜力是无穷的，不拼尽全力，你永远不知道自己的潜能有多强大，甚至连自己在这个社会存在的意义都不知道，你也不会知道自己真正喜欢的是什么。

人生最可怕的事就是你本可以做到，却没去做。一个人没有理想，没有抱负，只会庸碌地活着，过被别人安排的一眼就能望到头的生活，这样的人生有什么意义？

就像《钢铁是怎样炼成的》一书中所说："人的一生应当这样度过：当他回首往事时，不因虚度年华而悔恨，也不因碌碌无为而羞愧……"保尔一生经受过贫穷与疾病，嘲笑与讥讽，磨难与打击……但却没有因为现实的困难而自我放弃，正是由于这些苦难赐给他卓尔不群的毅力和刚强，让他的精神永垂不朽。

要想赢得更多的尊重与认可，需要不断地努力与改变。努力后会收获成功的喜悦，还有对自己生命的认可和尊重。

在这个世界上，没有人想做奴隶，我们都有权利选择自己的人生，活出自己的精彩。

女人最大的成功是活得漂亮

现在很多女孩子都认为女人真正的成功就是嫁得好，嫁得好就可以随心所欲，得到自己想要的东西。可是首先，你嫁得好的前提是你得有资本，不然那些青年才俊为什么专抓着你不放？其次，即便你嫁得再好，也依然要过柴米油盐酱醋茶的现实生活。

阿木就是朋友中嫁得很好的一位姑娘，可她的爱情来得水到渠成，绝不是天天坐在那等着白马王子从天上掉下来。

上大学的时候，有一次我俩在图书馆的茶吧喝茶，她突然义正词严地说道：“我要在三年时间里看一百本书，学会做更多的美食，改掉自己贪图安逸的习惯，还要考上研究生。”我笑着说道：“这很好呀，我今年也给自己定了目标，坚持写稿，然后学画画，以及坚持健身和正常的生活作息时间。”

阿木是典型的富家女，可是懂她的人都知道，她并没有依靠富裕的家庭而只顾享受奢靡的生活。相反在学习中她刻苦努力、认真求教，她会因为自己不懂的知识在自习室里跟别人讨论两三小时，而且做大量的试卷，来让自己的知识得到更好的弥补。

很多时候，周围人都会觉得，她完全可以不用那么刻苦学习，不用熬夜复习，家里条件那么优越，毕业以后就算自己的专业不好找工作，但是凭借家庭的关系也能找个体面而且薪资优渥的工作，还能嫁个很好的人家。每当别人用这样羡慕的目光看阿木时，阿木都只是莞尔一笑。

她跟我说，她很反感别人用那样的目光看她。对于这样只想坐享其成的人，她没有太多时间去理会，她只是云淡风轻地笑笑，然后继续看自己的书，做自己喜欢做的事。直到她凭借优异的成绩，收获别人惊诧的目光。

别人都羡慕的富裕家庭，真正过起来却未必那么好。她的父母生意繁忙，出差更是家常便饭，所以更多的时候她是和保姆一起吃饭。保姆的确可以给她提供一日三餐，照顾她的起居生活，但她们的交流很少，亲情的缺失，是无法从别人身上得到弥补的。即便如此孤单，却还要承受别人羡慕的目光。

阿木说有一段时间她得了慢性胃炎，后来越发严重，她还在医院住了一段时间。出院之后，因为身体一直很弱，阿木就休学了，专门在家养病。

在养病期间，她每天无所事事，不是吃药就是躺在床上，父母依然经常不在家。她说她受够了养病期间的生活状态，同时对“衣来伸手饭来张口”的生活深恶痛绝，她觉得那样的生活根本不像是真正地活着。

她想要有自己的交际圈和兴趣爱好，还想要不断努力来充实自己，她想要通过自己的双手去创造价值。

然而这些对别人说是没有用的，她得去做，此后她开始无声地积攒自己的能量。

病好后，她再次踏入学校的大门，从那以后她一直都在践行着自己的想法。初中高中她都是凭借自己的能力考上的重点中学，高考时也是凭借自己的努力上了名牌大学。

后来的她果然按照三年的计划，在看书、学做美食之余还积极为考研做准备。阿木说她的学习意志力很强，能为自己的目标去奋斗，她觉得非常充实，她觉得自己很有把握考上北京的研究生。

她这么努力，就是想告诉别人，她不是别人口中那种“衣来伸手饭来张口”的傲娇小姐。她心中有梦想，她脚踏实地，她也可以凭借自己的能力让自己的生活变得更好。

后来，阿木如愿以偿地考上了研究生，进了自己理想中的学校。之后她还把记者证和驾照都拿到了手。

研究生毕业后，阿木顺利进入一家外企工作，薪资优渥。工作中她也从不放松对自己的要求，现在已经成了一名高管。因为热爱烹饪，她还开了一个公众号，经常和大家分享她做的美食。现在的她每一天都过得充实而有意义。

后来阿木在国外出差时认识了一个家庭富有的男孩子，对方也没有一味靠家里荫庇，而是自己出去创业。两人三观一致、惺惺相惜，很快坠入爱河。两年之后，两人在国外举办了盛大的婚礼，让周围人羡慕不已。

很多人觉得，一个女孩子没必要那么努力，反正将来都是要嫁人的，那些家境优越的女孩子就更不需要努力了。这种人真的是目光短浅，他们没看到这世上多的是努力上进、独立自主、有思想有内涵的白富美。

一个女孩子让自己变得优秀，不是为了嫁个好人家，而是为了自己在多变的生活中有更多的资本，为了更具有安全感，为了丰富自己的内涵，提升自己的气质，为了在以后的生活中更自由，为了自己的生活可以丰富多彩。

这样的女孩子，即便有一天嫁一个再优秀的如意郎君，人们也会真心认为他们是郎才女貌的一对，为他们送上衷心的祝福，而不是觉得她是高攀。

阿木正是这样的女孩儿。她谦虚低调、坚韧不拔，她从来都不会因为家庭背景而骄傲跋扈、游手好闲。在她身上，我看到了一个女孩子因自己努力绽放成一朵优雅而高贵的花儿的过程。

很多时候，活得漂亮与嫁得好并不矛盾。你若在自己的青春时期不辜负自己，努力提升自己，用心去做好每一件事，挖掘自己的潜能，绽放出你独特的个性，那么你遇到优秀的人的可能性就会更大。即便暂时还没有遇到，那么你内心充实，安全感十足，一个人也可以活得潇洒自在。

很多人总是羡慕那些嫁得好的女人，殊不知她们总有你不及的优秀之处。嫁得好与不好，终究还是看你自己。至于过日子，大家都是柴米油盐，嫁得好并不代表日子就能过得好。如果你不知道提升自己，不努力进步，即便嫁入豪门，你也未必过得如意。

所以无论你未来过上了怎样的生活，千万不要忘了时常给自己“充电”，努力丰富自己的生活，去结交更优秀的朋友，做更有意义的事情，只有通过不断的修行，你才会变成更美好的自己。

单身的姑娘们，不要再活在童话故事里，不要再相信灰姑娘迟早会遇到白马王子，优质爱情只有优质的人才配得上。

切记，活得漂亮才是你最大的本事。

Part 7

大胆去做，人生无惧失败

人生就要敢想敢做，敢拼敢闯

还在上大学的时候，翔子就开始做一些小买卖了，什么服装、零食、钱包、首饰，只要是学校门口的夜市上常见的种类，他都倒腾了一个遍。虽然不是总能赚钱，但翔子从来没有因为亏本而发愁过，因为在他看来，只要能够积攒经验，别的都无关痛痒，几百块钱自己也还亏得起。

大三的某个假日，张叔叔来翔子家里做客。张叔叔是翔子父母的老同学，而他的儿子恰好也是翔子的同学，所以他们两家一直保持着很好的关系。前几年，张叔叔辞掉了薪资优厚的工作去创业，这两年一直倒腾着服装生意，似乎做得很不错。

闲聊时，张叔叔得知翔子也在卖些小东西，兴致上来了，跟翔子兴高采烈地聊起了生意经。张叔叔毫无保留地将自己多年来做生意的经验都传授给了翔子，还详细询问了翔子做生意时遇到的问题，帮他找到了应对之法，并提出了许多建议。翔子听得心潮澎湃，张叔叔说得也很尽兴。

张叔叔说到兴头上的时候，还给翔子透露了一个“商业机密”。张叔叔说：“要说这时尚就是一个轮回，这两年‘复古风’刮得很猛，几十年前流行的喇叭裤前一阵不是又开始流行了吗？好多年轻人又争抢着穿上了喇叭裤。我私下透露给你一个信息，老爹鞋可能会大火，很多品牌都要推出老爹鞋。你如果胆子够大可以试着买一批老爹鞋来卖，在进货方面我可以帮一帮你。不过如果你真想做的话，那么越早做越好，现在资讯这么发达，你必须抢占先机才能获得最大的利润。”

送走张叔叔后，翔子马上上网查询关于老爹鞋的信息。事情确实像张叔叔说的那样，而且淘宝上现在也没有几家卖老爹鞋的。翔子马上意识到这笔生意可以做，这让他非常激动。可是，想要做成这次的生意，前期投入是一个大问题。虽然翔子的父母对翔子做生意的想法很支持，愿意出这部分钱让他放手去做，但翔子不想万事都依靠父母，他想自己筹集资金解决问题。

思来想去，翔子把目光投向了同宿舍的几位室友，想要拉他们入伙。于是，他趁着晚饭后大家都空闲的时间拉着几位室友开了视频，跟他们几个大谈这笔生意的可行性。几个人听翔子口若悬河地说了很久，还都是糊里糊涂的，没弄明白为什么翔子觉得老爹鞋会火，也不清楚这笔生意有多少可行性。于是，翔子让室友们提出不明白的问题，为他们解答疑惑。

“老爹鞋我知道，但是它长得那么丑怎么可能有人买？你怎么知道它能火起来？”阿兵首先问道。

“老爹鞋的英文名字叫 Clunky Sneaker，直接翻译就是‘蠢鞋’，其实说得通俗点儿就是父母那辈人说的旅游鞋。现在复古风来势汹汹，各种过去流行过的元素又都重新流行了起来，这种鞋也是其中一种。设计师们把旅游鞋与最新的流行元素结合在一起重新设计，就形成了现在人们说的‘老爹鞋’。虽然你觉得它有点儿丑，但是流行就是一阵风，这阵风刮起来，人们就会跟风购买。巴黎秀场上的老爹鞋已经受到了很多人的关注，其实第一股老爹鞋的风已经刮起来了，咱们现在进入市场已经不算是最早的了，但也还算先头部队。”翔子这一下午的网不是白上的，他查询了很多相关内容，所以解释起来头头是道。

“听你这么说倒确实是有点儿道理，可咱们怎么着手做这件事呢？哪些人会购买这种鞋呢？”翔子的话似乎也勾起了二胖的兴趣。

“咱们销售的目标首先就是那些想要紧跟潮流，但是又没多少钱的大学生，要知道人家原本是卖大几百甚至上千块的，咱们弄个平价替代肯定能吸引目光。另外，这种鞋很舒适，对外观要求不太高，但对舒适度要求高的客人也是咱们的目标群体。而且咱们虽然没有淘宝店，但是可以上闲鱼售卖，全国那么多上网的人就算只有一小半玩闲鱼，也是一个很客观的数字了。”翔子详细给二胖解释道。

“你说得天花乱坠的，听着是挺好的，可是这种鞋定价多少？咱们大概用多少钱进货呢？”显然老四更关心价格。

“如果按照咱们既定的目标人群来规划的话，咱们的定价可以定在二百到四百之间，太贵了会超出很多人的承受范围，太便宜了又有些掉价，这个价格区间最合适，进价的话得到时候让张叔叔跟那边的厂家商量。而且现在咱们学校那边的市场一片空白，正是做生意的好时机。”翔子早已经将各种事情都考虑到了。

“啊，这也不便宜啊，咱们普通学生党估计能消费得起的不太多吧！”小六惊叹道。

“可不是嘛，而且，我估计进价也便宜不了，这得投入不少钱吧。”阿海也犹豫道。

“的确是贵了点儿，但是现在买件普通的衣服、鞋子也得一百多块钱吧，咱们走在流行的最前端，赚的就是流行的钱。”翔子说。

之后，翔子解答了室友们的许多疑惑，打消了他们的许多顾虑，慢慢地，大部分人好像被翔子说动了，只有老四还是很犹豫，觉得这件事不太靠谱，说道：“我还是觉得这笔生意风险太大了，毕竟咱们投入的也不少，这笔钱万一打了水漂，咱们之后怎么办啊？”

“风险肯定是有的，现在做什么没有风险呢？撑死胆儿大的，饿死胆儿小的，敢拼才能赚到钱。而且其中的风险其实没有你想象得那么大，现在确实是个不错的时机，如果我们可以把握住这个时机，哪怕不能大赚，小赚一笔估计没什么问题。”翔子一副信心满满的模样。

听了翔子的话，老四还是觉得没底：“做生意这种事儿哪能说得准，指不定哪步不对就赔了，我感觉还是有些太冒险了。”其他几个人倒是被翔子勾起了兴趣，但怕要投入的钱太多，自己出不起，毕竟大家都是穷学生，生活费都是伸手管父母要的，哪儿有闲钱来做生意啊？翔子也知道大家的情况，便说道：“大家手头肯定都不富裕，但是咱们可以先将一部分生活费挪过来做生意，赔了大不了后半学期吃咸菜，但是万一事成了，可能连这一年的学费都能赚出来！”

“那咱们每人究竟得投入多少钱呢？”小六疑惑地问。

“这几年我做生意也小赚了点儿钱，这样吧，我出一万，占个大头，你们每个人出二千五百元，应该还出得起。咱们把所有的钱都放在一起计算，我占百分之四十五，剩下的你们平分，不管是亏了还是赚了都按这个比例分账。”翔子把账算得清清楚楚。

经过仔细的思考，阿兵几个人都想要冒个险，试一把，唯有老四不停地打退堂鼓：“不行，不行，这还是太冒险了，我怕我承受不住这么大的心理压力，回头心脏病都得逼出来。你们想去做，你们就去吧，别算上我了。”室友们又反复劝老四，可是他还是下不了这个决心，最终也没有加入他们的行动中。

很快，室友们分别拿出了二千五百元，再加上翔子手里的一万元，一共是两万元，比例分成也有所变化，翔子占的比例上升到百分之五十，其他的由出资的几个室友平分。在这期间，翔子联系了张叔叔，拜托他帮自己找一家性价比较高的厂家。张叔叔痛快地答应了他的请求。翔子几个人经过商议，从张叔叔挑选的一些厂家中，选定了一家工期短、价格适中的厂，张叔叔联系好厂家后，给翔子寄了几双样品过来。翔子和室友们试穿之后都觉得很舒适，质量也不错，这笔生意似乎更有把握了。随着翔子第一笔货款的到账，第一批产品也按期发来，翔子的生意正式开始了。

他们租了夜市旁边的一个小店面，忙碌了起来。几个人没课的时候就到店里卖货，有课的时候就请其他专业的同学过来顶一下，算是兼职，晚上人多的时候更是全员出动，还有人专门盯着闲鱼。刚开始的几天，由于他们卖的并不是品牌鞋，价格却不便宜，所以问的人很多，但是真正购买的人却很少。一周之后，他们才卖出了五双。老四看到这种情况不无得意地说："你们看，我不是告诉过你们了吗，这个事情有点儿太过冒险了，这么多鞋要是都砸手里，那可就太亏了。"

翔子等人虽然心里着急，但从来不说要放弃的话，这才刚刚开始，怎么能打退堂鼓呢！而且他们觉得，现在老爹鞋还没有大范围流行开来，等到它真正流行起来的时候才是销售的旺季。而且，有些顾客可能还会通过各种渠道对比价格，比起那些品牌鞋，他们的价格无疑更有优势。果然，慢慢地，对老爹鞋感兴趣的人越来越多。终于，他们迎来了开业以来最大的胜利，一天卖出了十双鞋。接下来，事情就像安排好的一样顺利，询问和购买的人变得越来越多，他们卖得越来越快。在这些鞋即将卖完的时候，翔子算了算总账，发现到目前为止，他们的净利润足足有一万五千元，翔子能分得七千五百元，其他人也可以净赚将近二千元。他们前前后后才花了不到一个月时间就赚了这么多，看来这次的冒险很值得。

看到这种情况的老四非常后悔，如果自己当初能勇敢一些这里面也就应该有自己的一份了。他想跟翔子说让自己也加入进来，可想到自己之前的行为，他又觉得难以启齿。但是如果不能加入进去，眼睁睁地看着这种好机会白白溜走，自己肯定不甘心。就在他不知如何是好之时，翔子似乎看出了老四的想法，主动提出让他加入他们。

之后，他们依样画葫芦，又从厂家订了两批货，销量依然还算不错。慢慢地，竞争对手变得越来越多，他们售卖的速度跟售卖普通衣物没有太大区别了。于是，翔子他们将货物全部卖完后果断收手，结束了这份工作。最后分红的时候，每个人都收获颇丰，这一年的学费和生活费早就赚够了。当然，老四没有赶上第一次进货，所以分红肯定会比其他人少。

其实，相同的机会可能会出现在许多人面前，有的人对其视而不见，自然错过了机遇；有的人不敢冒险，只能看着机遇白白溜走，事后又后悔、懊恼；有的人勇敢、果断地抓住了机遇，乘势而起。如果你有一双慧眼，并敢于冒险，你就能把握住时机。

在人生之路上，我们能够选择的道路其实有很多，敢想敢做，敢拼敢闯，你的人生就有无限可能。

及时行动，你的人生无惧挑战

乔东和严浩是大学校友，两人因为对摄影有共同的爱好，成了无话不谈的朋友。毕业之后，两人因为专业不同而选择了不同的单位，不过两人时常联系，倾诉各自在职场的苦恼。

“上班真是难熬啊，不仅工作日免不了加班，有时候礼拜天正约会呢，老板的电话也会打过来。你说这样的日子什么时候才是头啊？还不如自己单干呢！”乔东举起那半罐啤酒一脸愁苦地对严浩说道。

严浩听了乔东的话，表示赞同地说：“是啊，我早有了创业的想法，我想利用自己的摄影技能，开一家婚纱摄影店。”

“开店虽然听起来不错，可是真做起来谈何容易啊？而且你在五环外，那里没有多少人，你不担心你的客源问题吗？”乔东说出了自己的想法。

但严浩说：“什么事情要想做好都不容易啊，可是不试一试就永远不知道自己行不行。我平时周末已经在周边踩好点了，虽然五环不如三环四环繁华，但那边的环境我熟悉，而且房租便宜啊，会节省很多开支。你家在东三环，有优越的地理条件，如果你也有开店的打算，我建议你早做准备。”

乔东对严浩的话有些置若罔闻，他是有开摄影店的打算，可又觉得风险太大，现在时机还不成熟。

而严浩这边一直在为开店做着诸多准备，半年后，严浩的婚纱摄影店顺利开张，他邀请乔东前去参观。看着严浩自己精心设计的婚纱摄影店，乔东觉得自己做事太拖泥带水了。

乔东从严浩的店里走出来后，心里一直在想自己今后的打算。他知道叔叔在三环有一家门面，那附近客流量很大，也许他可以把那里租下来，也开一家婚纱摄影店。

可是事与愿违，叔叔家最近出了点儿事，急需用钱，就把那家门面租给了别人。乔东只好四处奔波，又看了好多地方，也没找到一家合适的。他觉得这太辛苦了，想到以后还会有无数的事需要操心，乔东果断放弃了自己开店的打算。

可是严浩那边却不是这样，虽然在创业的过程中，他经历了很多风雨，也曾遭遇过资金短缺的问题，也曾遭遇过客源少的挑战，但是他始终没有放弃。几年后，店面在他的苦心经营下，渐渐地发展壮大，现在除了在五环外有一家店，他又在繁华地段新开了一家分店。

反观乔东，依旧是个上班族，每天一边朝九晚五地工作，一边抱怨，可又没有勇气改变。虽然上班几年有了一定的积蓄，但是现在的店面租金也节节升高，他自己挣的那点儿钱根本不够投资的，所以他开店的时机始终不成熟。

我们每个人都有自己的追求，有的人有想法就积极去实现，有的人却瞻前顾后、裹足不前。不管你的梦想是大是小，只有你敢于实施，才有收获成功的可能。

有些事情就算你再有能力，再有想法，如果不趁早下决心去做，你就会越来越懒得实施，如果随着时间的流逝逐渐放弃了自己的想法，那将是你一生的遗憾。

阿帆也有很多梦想。上学那会儿，有位远房的亲戚来他们家做客。这位远房的亲戚的儿子是阿帆的小表舅。表舅是一名军人，现在已经是军队中的少校了，他是他们这个家族里唯一的军人，很受家人尊敬与羡慕。阿帆也很羡慕表舅，他对表舅能成为这么优秀的军人感到自豪和骄傲。他也想成为一名军人，可是一想到在军队里要经受千锤百炼，他就退缩了。后来表舅告诉他："男人嘛，要能吃苦，熬过了那段艰苦的岁月，后面就会有收获了。"阿帆听表舅这么一说，再加上自己确实有这方面的意图，心里就又坚定起来。

可是在高考填报志愿时，阿帆又有些犹豫了。因为好的军校的录取分数线要高出平均分数线一大截，阿帆担心自己的成绩达不到那个水平。当然，这不是最重要的，最重要的是阿帆对军人的训练生涯感到恐惧，一想到在军队里要经受摸爬滚打，要每天起早贪黑，他就觉得很痛苦，他怕自己会被折腾得死去活来，他怕自己根本坚持不住。

阿帆有些气馁了，他对自己缺乏勇气的行为很失望。表舅知道这个情况以后，耐心地开导他说："你要先想明白，成为军人是不是你坚定的目标，如果是，就要下定决心做好它，不能因为吃不了苦而放弃自己的梦想。不然的话，以后你一定会后悔的。但如果对于走军人这条路你内心并不坚定，就不要再自寻烦恼了，因为想得再多也只是空想。”

听了表舅的话，阿帆略有所悟。他点点头，表示赞成表舅的话，并说自己会认真考虑的。最后，阿帆还是因为心有顾忌而放弃了报考军校。

阿帆还很喜欢乐器，尤其喜欢吉他。初中时，学校举办艺术节，阿帆因为上台表演吉他而一战成名，成为学校的名人。高中时，学校举行乐器比赛，阿帆也获得了不俗的成绩。上了大学以后，阿帆因为喜欢弹吉他所以格外受班上女孩的青睐。

大学里活动多，阿帆常常参加学校的文艺联赛，大都获得了奖项，除此之外，他还经常尝试自己作曲。因为有这方面的天赋，他在学校认识了很多爱好音乐的人。其中有一位音乐老师非常欣赏阿帆这方面的天赋，阿帆在音乐上有什么不懂的问题问她，她都会耐心地回答。

有一次阿帆跟这位音乐老师谈起自己高中时萌生的一个想法，他想把自己写的歌和曲谱整理成一张 CD，然后找音乐公司推广。这位音乐老师对阿帆的想法非常感兴趣，表示愿意提供最大的帮助，助力他完成自己的音乐梦想。

可是一个月后，阿帆那边一点儿动静都没有。这段时间，这位音乐老师恰好被校领导安排去音乐厅演奏。不过她一直把阿帆的想法记在心中，所以等到音乐会一结束就回来找阿帆，询问CD做得怎么样了，有没有找音乐公司。对于音乐老师的询问，阿帆有些窘迫。这位音乐老师以为阿帆在整理音乐过程中遇到了难题，便宽慰他说："没关系，有什么难题尽管对我说，能帮的我会尽量帮你。"其实是阿帆打起了退堂鼓，他仔细一听自己创作的曲子，觉得还不够好，他怕遭到音乐公司的拒绝和嘲笑。音乐老师便鼓励他说："谁也不是一出生就是大家，只有敢把作品拿出来让大家品鉴，你才能进步啊！"

之后，阿帆那边还是没有下文。每次面对这位音乐老师期望的眼神，阿帆都非常尴尬。他只好吞吞吐吐地解释自己太忙了，还没顾得上处理这些问题。

后来眼看就快到学期末了，音乐老师还有很多其他工作要做，不能总是督促他。何况阿帆自己这样不积极，别人也不能强迫他。

渐渐地，这件事就不了了之了。

最后，这位音乐老师终于明白了，原来阿帆是光说不做啊。因为这件事，阿帆的形象在这位音乐老师眼里一落千丈。原本以为阿帆会因为自己有音乐天赋而努力，而她又是个惜才之人，若能得到精心的培养，说不定以后他可以在音乐的道路上有一番作为，甚至可能成为音乐人。可是现在看来，以他这种光说不做的性格，恐怕是没有什么可能了。

在《枕边书与床头灯》这本书里，有这样一句话："并非是思想妨碍行动，思想只会决定行动。而是思想上的犹豫不决妨碍了行动，而是思想上的麻痹瘫痪妨碍了行动。"

现实生活中，有很多像阿帆这样只会动嘴皮子的人。他们不是没有想法，甚至可能想法还很多，可是一切都只是想法很美好而已。一想到现实中将遇到的困难就要退缩，什么原则也没有。他们最擅长的就是找各种借口逃避。

一个对自己的人生负责的人，就会坚定自己的想法，就会将自己所做的事情坚持下去，因为他们内心充满了自信，拥有一往无前的勇气。而一个不及时行动的人，就算说得天花乱坠，也只能一事无成。

你想要的，需要自己去争取

采采从小就是个很胆小的人。

上初中的时候，采采看到电视里光彩夺目的歌星，便萌生了做歌手的念头，可父母的几句“做歌手有什么用”“下次考试如果退步了，你就等着混合双打吧”就打消了采采梦想的萌芽。

上高中的时候，采采出去玩时偶然体验了一回卡丁车，激起骨子里对刺激的追求，采采自此就迷恋上了它。可是每天都去玩卡丁车根本就不现实，如果以赛车为职业肯定会遭到很多人的反对，而且也很危险。于是，采采自己就默默打消了对赛车的憧憬。

高三的时候，采采虽然总是嘴上说着要好好学习了，可她就是没能安下心来，一遇到难题，就想要逃避。最后她真的没有考上理想中的大学，只好复读了一年。

大学专业采采选择了汉语国际教育。大二的时候，她听说毕业的时候可以选择考汉语教师志愿者，到国外的孔子学院当老师，为期两年，如果做得好的话还可以申请一直留在那里，成为正式工。采采非常想去尝试，可是她又觉得以自己的能力估计考不上，心里很犹豫。

在和闺密聊天的时候，采采问起了这个问题："阿飒，你说我能考上志愿者吗？听说想要成为英国、美国那边的志愿者得过英语六级，我的英语水平这么差，能过得了吗？"

"当然能行！你一点儿也不比别人差。而且听我朋友说，不是每个学校都有到英国、美国那边做志愿者的名额呢，你现在有这么好的机会干吗不试试？"

阿飒顿了顿又继续说道："采采，别怪我说你，你从小到大都太胆小了，遇到事情就想往后退。之前你想当一名赛车手，可你越是对它怀有憧憬，反而越丧失了对自己的信心，觉得自己的能力不行，就放弃了。高考的时候更是这样，那段时间你满脑子都是你心中的那所大学多么出名、有多么强劲的对手会和你竞争、分数线高而录取的人数又少，所以你觉得自己没什么希望，成了泄了气的皮球，再也弹不起来了。你害怕失败也害怕付出，想要的东西不想着去争取，反而自我放弃，可是想要的东西，不自己争取怎么行？你拼命复读了一年不是考上了你想上的学校吗？说明你是有能力的。”

采采沉默了许久，回去之后反复想阿飒说的那些话。

之后，采采的外表看上去虽然没什么变化，但她开始默默努力了起来。她减少了看小说、看视频的时间，更多地停留在了图书馆、自习室。她的付出是有回报的，她顺利地通过了英语六级，也去了想去的国家。

采采的故事还在继续，虽然她的未来还是一片未知，但相信学会了勇敢的她一定能争取到自己想要的东西。

有人说，内心被恐惧占领是一件非常可怕的事情。确实如此，但我们或多或少都有一些恐惧心理。我的一位好朋友现在自己做老板经营着一家公司，这期间她曾经遇到过许多问题。这些问题虽然都已经被妥善解决了，但给她留下的阴影却没那么容易消除。她意识到，就算只是一个小小的问题，如果处置不当或是判断失误都有可能给后面工作的运行带来巨大的麻烦，所以她慢慢变得瞻前顾后，不敢轻易做出调整，不敢进行大规模投资，有了既定程序就不愿再有变化。有人说，自己在商界待的时间越长，胆子就越小。我想，很多做领导的人应该都有过类似的感觉吧。可是商场如战场，一家公司想要有所发展就不能畏畏缩缩，幸好我的朋友早已经醒悟过来，恢复了自信和勇敢。

四川有句俗语：“舍不得孩子，套不住狼。”指的是想要打到狼，就要下得了狠心，不怕路途遥远，即使磨破无数双鞋子也决不放弃。

“不入虎穴，焉得虎子”说的也是同样的道理。倘若没有足够的冒险精神，你就注定与成功擦肩而过，当机遇伴随着风险出现之时，勇敢的人早已顶着风险采取了行动，胆小的人却畏畏缩缩、踟蹰不前，而当他们权衡好利弊得失，想要采取行动之时，机遇可能早已一闪而过，他们想要的也早已失去。

对乌龟而言，坚硬的背壳就是它的家，是世界上最安全的地方，伸出头和四肢就像是摘掉了防护，有很大的风险。但是，倘若它一直躲藏在龟壳里，就只能忍受饥渴而且永远停留在原地，最后只能在一方狭窄的天地等待死亡的降临。

虽然我们并不鼓励盲目冒险，但如果像缩头乌龟那样生活，我们的人生还有什么意义？只要及时评估好风险与自己的实力，剩下的就是大胆地放手去争取我们想要的东西。正如法国著名浪漫主义作家大仲马所说：“谁若是有一刹那的胆怯，也许就放走了幸运在这一刹那对他伸出来的香饵。”

做内心强大的自己

相信很多人有这样的感受，年龄越是增长，我们做事越是小心谨慎，甚至瞻前顾后。我们太在意细枝末节，我们力求达到完美，我们太害怕失去现有的东西，所以我们犹豫不决，整晚纠结于自己的幻想，以致事情因为时间的流逝而失去了最佳的机遇。我们也因此常常懊恼自己，却又改变不了。

有些事情不是你想要达到完美就能完美的，有时候你反复地琢磨真的不如试上一试，也许它实现了呢？

公司为扩大业务需求，委派一些人员去拜访客户，以期与他们建立更密切的联系，建立长期合作的关系。

小高就是被委派的人员中的一位。一天，他想约一家企业的老板共进下午茶，顺便聊一下双方的合作。但是，他又有些犹豫不决，不知道对方会不会因为太忙而拒绝他的邀约，对方会不会觉得他太过冒昧。他左右为难了好久，才联系了对方的秘书，敲定了下午的时间，地点就在对方的家中。

等真的要去见面了，小高心里又犹豫了起来，他担心对方早已不记得他了，他担心对方根本不愿意再与他们合作。最后眼看约定的时间就要到了，他只好硬着头皮上。

可是天公不作美，上午还是艳阳高照，下午竟然下起了雨。这阴沉的天气惹得他非常不快，他觉得自己太倒霉了，本来就没有太大自信的他，此时变得越来越焦躁不安。

当车拐进客户家的巷子里时，他后悔了，他预感这次洽谈不会有好结果，他甚至希望司机能够把自己拉回去。

可是不管心里如何焦躁，都要到了，难道他还能什么都没做就回去吗？

最终，车还是停在了那家企业老总的家门前，他内心胆怯，但是既然来了也只好伸手去按门铃。现在他好希望开门的人告诉他说：“X 先生不在家。”他伸手按了一下门铃，大概等了半分钟，没有人出来。于是他勉强让自己再按第二下，又过了两分钟，依旧没有人开门。他又按了第三下，他想这是最后一下了。结果里面仍然没有任何动静。他有些失落，但好像又如释重负。他想：对方不在家。

于是他带着一半轻松一半难过的心情回去了，轻松的是他终于不需要面对客户了，难过的是，他为这次的拜访准备了好久，结果因为对方不在家，所有的计划被打乱。他坐在车里，有些怅然若失。

可是那位企业老总明明和小高约好了又为什么不在家呢？事实上，那位老总当时就在家里，而且他老早就在等待着小高了，他正准备和小高的公司继续合作呢。可是因为那天下午下雨，他家门铃进了水坏掉了，所以屋里没有听到门铃响。那位企业老总并不知道小高来过，他们就这样因为门铃错过了。

倘若小高不那么瞻前顾后、犹犹豫豫，像别的来访者一样，若按门铃没人出来，就用手敲敲门，或者打个电话，也许他们会度过一个愉快的下午，说不定他已经把订单拿下了。但是他始终没有战胜内心的怯懦，所以他只好无功而返。而小高没有应约而来，这也让那位企业老总很失望。

犹豫不决的习惯会使人失去很多机会。很多时候，你只要横下一条心去做就是了，等你成功之后，回头看看，可能事情真的不像你想的那么难。

有位同学听说北京联合大学很不错，这所大学的学科比较齐全，而且还是在首都北京。可他又对自己的能力表示怀疑，怕自己考不上被别人取笑。于是他左思右想，最后也没敢报。等到录取通知下来的时候，曾经和他一起说要考北京联合大学的一个学习并没有他好的同学被录取了，他顿时后悔不已，难受了很久。

拿出勇气是很多事做成的第一步，内心不要那么脆弱，不要总是否定自己的能力。如果你多观察一下那些成功人士就不难发现，他们往往做事干脆利落，而且总是充满自信，当别人还在那里絮絮叨叨地讲述做这件事会遇到多少阻碍的时候，他们已经开始构思如何解决那些麻烦了。

其实很多时候，那些被拍在沙滩上的人，并不是被问题本身打败的，而是被自己想象中的可能会出现的问题打败的。这些人太容易自己吓自己，又太容易被某些事或某些人的看法所左右，每次面临问题，都下不了决心，以至于摇摆不定。

古人云“逐鹿者不顾兔”，说的就是猎人在追逐大猎物的时候不要顾及小猎物。“逐鹿者”一旦认定目标，总能经得起各种考验和诱惑，就好比练就了“铁布衫”一样，可以抵御形形色色的花拳绣腿，从而得到更多的收获。

练就强大的内心，你的人生会少很多阻碍。坚定不移、一往无前地向自己的目标走的人，别人都会给他让路。犹犹豫豫、怯怯懦懦、瞻前顾后的人，后来者都会让你望尘莫及。

想做，何时都来得及

[1]

以前的我很喜欢写信，我有好几位笔友，我们之间常常用最原始的方式——信件来传达彼此的感情，倾诉自己的心事。信封上贴上彩色的邮票，把自己写的信折叠成各种各样的形状，粘好送到邮局，等待对方给自己回信。

那时候，笔友们向我倾诉得最多的话题往往就那么几个：

我马上就毕业了，可是我的专业不好找工作，我又没有什么特长，如果现在才来学习其他新的技能太晚了吧，我该怎么办？

我对自己目前的工作不满意，想要考个研究生提升一下自己，可是我都快三十岁了，又要结婚了，是不是太晚了？

我对目前所从事的行业实在不感兴趣，我很想跳槽，可是这一行我都干了这么多年了，现在再换工作，一切重新开始，是不是来不及了？

……

诸如此类，屡见不鲜。

每次遇到这样的问题，我都会这样回复他们：若我们现在不好好追求自己想要的生活，那么应该什么时候追求呢？

大多数笔友看了我的回复都觉得眼前一亮。追求你想要的生活，就应该从现在开始。

[2]

爸爸小时候家里特别穷，因为是家里最小的一个孩子，所以勉强在十岁的时候得到了上学的机会。就这样，带着姑姑们的羡慕、忌妒，带着一家人的希冀，爸爸开始了小学生涯。

可是我爸爸上学的时候已经十岁了，虽然读书有些晚，但他还是坚持去读。

他每天要走很长的路去学校，那时他穿的鞋子是草鞋，所以脚被磨出很多茧。虽然他是班级里年龄最大的学生，虽然条件很艰苦，但是上学是爸爸的梦想，所以他从来没有因为外界的原因而怯懦过。

他的梦想虽然实现得迟了一点，但终究是实现了。后来爸爸读书读得很好，考了出去，也改变了自己以及一家人的命运。

很多时候我们总因为各方面的因素而放弃了自己的追求，其实那些都是借口，关键是看你有没有向上的心，能不能坚持自己心中所想。

金庸在八十一岁时远赴剑桥攻读历史学硕士、博士，并在八十六岁时获得剑桥颁发的荣誉文学博士名衔。金庸在报读课程之时，秉持自己只求学问而非求学位的信念，成功在耄耋之年又进一步，不断刷新着自己的极限。

不要觉得自己学得晚，人生没有太晚，只是看你有没有那份信念。

[3]

我认识的一位老师，在大学毕业后被分配进一所高校，但是由于他所学专业的教研室已经饱和了，他要想留下来就不得不改专业。

当时在他面前有两条路可走，要么离开这里，去寻找和专业对口的工作；要么留下来，干一份和自己所学不相关的工作。

因为当时对于他来说这个工作机会来之不易，所以他没有离开。

可是相较其他经验丰富，又受过系统训练的老师来说，这位老师可以说没有任何优势，他要何时才有出头之日呢？

然而，抱怨是没有用的，为了生活，他只能接受现实，迎难而上。

为了把工作做好，他几乎把所有业余时间都用来学习，并不断向身边的老同事请教。当别人下了班准备享受生活时，他还是像个学校里的学生一样死啃书本，不断提升自己的技能。

虽然他比别人慢，比别人迟，但是长久的努力是很见成效的，渐渐地，他把他的工作做得井井有条、有声有色。

后来，为了能进一步提升自己，他还考取了他那个专业的博士，他读博的时候，他的女儿都已经二十岁了。可他不觉得晚，他觉得只要想进步，什么时候都不晚。

世界上的事情，没有什么时机对不对，只要你想做，就是最好的时机，只要你想改变，什么时候都不算太晚。

我们无法预知自己的未来，却可以牢牢把握现在，及时行善，及时尽孝，做应做之事，行应行之路。即使你无法做到尽善尽美，也可以少留下一些遗憾。

抛却你的顾虑，
有些风险没有你想象的那么可怕

我们总能遇到这样一种人：他们不甘心碌碌无为、不想过波澜不惊的生活，想要到处闯荡，可是却一直没有行动，因为他们畏惧那些不可预知的风险。然而，我们做的所有事情都是要承担风险的，吃饭可能会被噎到，喝水可能会被呛到，难道就不去吃饭、喝水了吗？其实，有些风险没有你想象的那么可怕。

最近，我和闺密一起去逛街，在餐桌上她向我倾诉了她近来烦恼的事情。

她在一家小公司上班，已经干了三年，最近有了想要换工作的想法。我问她为什么想换，她说："工作总是一成不变，毫无激情，一天到晚加班，工资却没什么变动。最主要的是，我感觉现在已经学不到东西了。"

我说："既然你都想好了，就换呗！"

她说："说起来容易，但我思来想去，感觉每一个公司都会有加班的情况，而且万一新公司的薪水还不如现在高，那又该怎么办？再说，换一个新工作，又得适应新环境。"

看着她如此纠结，我尝试着鼓励她："你如果害怕新的环境，没有勇气去改变，那么你只能安于现状。未来到底是什么样子我们都不知道，你不能自己吓自己，知道吗？"

她最后给我发了一个笑脸。我知道，她还需要好好想想，如果她不能克服内心的恐惧，那么她就不能迈出人生重要的一步。

几周之后，我再次收到了她的信息。

"阿米，在吗？"

“在呢！”

“我这几天参加了一些面试，虽然大部分公司不太理想，但有一家我还比较满意。”

“你已经决定辞职去这家公司了吗？”

“是的。”

“那就好。”

从她发的信息中，我能感受到她的坚定，或许她已经不再畏惧那些可能出现的难关了。

其实，当我们为改变犹疑不决时，坚定内心，不被自我预设的风险所吓倒，我们就已经赢了。

最近，我邻居家的一个妹妹小雅也遇到了类似的人生难题。她刚刚大学毕业，想要考公务员，但她听了太多“考公务员多难多难”的话，便畏惧了、退缩了，复习也变得漫不经心。邻家阿姨找到我，希望我帮忙鼓励一下小雅。

但我的这次拜访并不成功，小雅根本没有要和我聊聊的想法，也许她觉得我给不了她什么帮助吧！

过了几天，我听说在一家大型商场里正举行企业招聘会，就找到小雅，劝她去试试，我想让她亲眼见识一下所谓的招聘现场，这样或许能鼓励到小雅，由此也不枉费阿姨的嘱托。

小雅兴致勃勃地随我来到招聘会。现场人山人海，我领着小雅看了又看。她试着递了几份简历，面谈了几家公司。半天下来，我俩都累得筋疲力尽，但没有一家公司录用小雅，小雅很沮丧。我们只好打道回府。

晚饭之后，我又去找小雅，这次小雅跟我畅快地聊了起来。

“没想到现在找工作这么难啊!”小雅感叹道。

“是啊，现在找工作越来越难了。之前我找工作的时候，在招聘会上投了无数的简历，参加了无数的面试，简直都要累吐了。”

小雅似乎对我的话很感兴趣，又细致地问了下去。

“那么，你是面试了几次才找到理想的公司，并被录取了呢?”

“我差不多面试了十几次。刚开始的时候，眼见自己一次又一次被刷下来，我的自信心深受打击，一度想过要放弃。

但后来我想，既然我已经决心走这条路，就要有‘小强’一般打不死的精神，于是我静下心来准备面试题目，耐心地收集资料，还在网上收集各种面试方法和经验。结果可想而知，我被录取了。”

“你很厉害嘛！”

“我不是厉害，是没有放弃。很多事情都是这样，可能看起来很难达成，但其实只要我们努力奋斗，就会发现它们并没有想象中那么难。我还记得我考一个很重要的证时，每天看书都看不进去，总想着要是考不上怎么办。后来一位学姐点醒了我，说像我这样不专心，还不如不考。那个时候，我也很厌烦那样的自己，听了她的话，我思虑良久，觉得自己不能再在考与不考之间蹉跎岁月了，我既然决定去考，也在为它做准备，就不该胡思乱想。于是我振奋精神，全身心扑到了学习上。”

“然后你就考下来了？”

“当然。”

和小雅聊完后不久，邻家阿姨就提着水果来感谢我了，说小雅现在复习很用功。我听了很是高兴，心想她也一定会达成所愿的。

很多人害怕失败，畏惧未知的困难，所以不敢去尝试，但要知道，当我们害怕失去、害怕会遭遇挫折时，我们就已经输了。

想要换工作，但担心新的工作待遇不好、环境不好；担心工作难度大，自己无法胜任。诚然，我们就是这样自己吓唬自己的。所以不敢尝试，安于现状。

我们用虚拟的风险扼杀了我们的斗志，那些梦想、那些不甘，都在自我的不安中消磨殆尽，当我们满足于自己每日那一成不变的工作时，我们只能安慰自己说：嗯，现在这样就很好！

可这样的话真的能够安慰我们吗？当你的同学、朋友自信满满跟你畅谈他们近乎完美的工作时，难道你不会感到不甘吗？

你肯定会感到不甘，但你又能怎样呢？是你自己不敢迈出脚步的。

所有人的成功都经历过许多艰难坎坷，很多人在试探着迈出脚步时，可能像你一样感到不安、畏惧，只不过，他们终究还是抛下了所有的顾虑，鼓足勇气去做了，于是他们取得了成功。

如果你大胆去尝试，最差也只不过是没有实现你的目标，但如果你连尝试都不敢，你的人生必然会留下无法弥补的遗憾！